Schleswig-Holsteinisches Freilichtmuseum

Veröffentlichungen des Schleswig-Holsteinischen Freilichtmuseums, Band 4
herausgegeben von Hermann Heidrich

Hermann Heidrich

# Schleswig-Holsteinisches Freilichtmuseum

## Museumsführer

mit Beiträgen von
Astrid Paulsen, Ulrike Looft-Gaude
und Gabriele Rehr-Unrath

Deutscher Kunstverlag München Berlin

© Schleswig-Holsteinisches Freilichtmuseum 2007
Redaktion und Gestaltung: Hermann Heidrich
Umschlagentwurf: in.signo, Hamburg
ISBN 978-3-422-02108-2
Deutscher Kunstverlag München Berlin

# Inhalt

Vorwort 6

Historische Häuser und Hausformen
in Schleswig-Holstein 8

Die Museumsgebäude 12

Wie man ein Haus beheizt: Feuerstelle,
Herd und Ofen 28

Korn, Kohl und Kartoffeln 48

Woher das Wasser kommt und wie es
ins Haus gelangt 59

Eine gute Nacht? 78

Licht im Dunkel 86

Wie man sich eingerichtet hat 92

Die Landwirtschaft 114

Heimliche Gemächer 134

Glossar 152

Literaturauswahl 158

Bildnachweis 159

Übersicht und Plan des Geländes 160

Das 1958 gegründete Schleswig-Holsteinische Freilichtmuseum, das bereits sieben Jahre später mit 13
Häusern vor den Toren der Landeshauptstadt Kiel
eröffnet wurde, gehört heute zu den größten Freilichtmuseen in Deutschland und Europa. In Norddeutschland ist es die größte Einrichtung seiner Art.
Das Museum visualisiert und interpretiert die Kul-
tur-, Architektur- und Landesgeschichte sowie als
Landesmuseum für Volkskunde die Alltagskultur
des ländlichen Raumes. Auf dem 60 Hektar großen
Gelände mit Wiesen, Gärten, Feldern und Teichen
sind über 70 historische Gebäude, Hofanlagen und
Mühlen der verschiedenen Landschaften Schleswig-Holsteins mit Mobiliar, Hausrat und Arbeitsge-
räten zu sehen, zu erleben und zu studieren.
Das Schleswig-Holsteinische Freilichtmuseum bewahrt Erinnerungen breiter Bevölkerungsschichten.
Es ist ein Ort der Erforschung und der Dokumentation von Alltagskultur des nördlichsten Bundeslandes. Das ist mehr als nur das Ausstellen von Häusern. In den historischen Gebäuden finden sich au-

Dorfstraße in Böhnhusen, um 1900.

thentisch eingerichtete Wohn- und Wirtschaftsräume in ganzheitlicher Darstellung. Die historischen Gebäude, die am originalen Standort sorgfältig abgebaut und im Freilichtgelände ebenso sorgsam wieder aufgebaut wurden, sind in Baugruppen zusammengefasst. Gebäude aus den verschiedenen Landschaften Schleswig-Holsteins wie Nordfriesland und Eiderstedt, Dithmarschen und den Elbmarschen, Angeln und Stapelholm, Holstein und der Probstei, Fehmarn und Lauenburg verweisen so auf unterschiedliche Ausprägungen von Architektur und Wohnkultur.

Ausstellungen in den Gebäuden vertiefen das Informationsangebot. Sonderausstellungen zu interessanten kulturhistorischen und volkskundlichen Themen sowie Kunstausstellungen gehören ebenso zum Programm des Museums wie abwechslungsreiche Märkte, Theater- und Musikdarbietungen, Workshops zu verschiedenen Themen sowie Sonderführungen und Vorträge. Für jüngere Besucher gibt es spezielle Veranstaltungen und es steht ein museumspädagogisches Angebot zur Verfügung.

Das weitläufige Museumsgelände in herrlicher Landschaft bietet sich an, den Museumsbesuch über die Besichtigung der Gebäude und Ausstellungen hinaus zum Erlebnis werden zu lassen. Auf dem historischen Jahrmarkt laden zwei Karussells, Schiffsschaukel und Spielplatz zum Vergnügen ein. In verschiedenen Gebäuden demonstrieren mehrere Handwerker ihre Tätigkeiten.

Dieser reich illustrierte Führer präsentiert alle im Museum aufgebauten Gebäude und begleitet beim Museumsrundgang. Er ist mit vielen ausführlichen Informationen zum Alltagsleben der Menschen gleichzeitig ein Lesebuch für zu Hause.

7

## Historische Häuser und Hausformen in Schleswig-Holstein

Häuser sind ein Teil der Alltagskultur der Menschen, und so vielfältig und kontrastreich wie die Landschaften in Schleswig-Holstein sind auch die historischen Hausformen, die sie einst mitprägten. Als Durchgangsland zwischen Ost und West und zwischen Nord und Süd sind beim Hausbau Einflüsse aus anderen Ländern und Regionen ablesbar; Handelsbeziehungen schlagen sich beim Wohnen und beim Mobiliar nieder. Agrarstrukturen und Wirtschaftsformen spiegeln sich in Größe und Anordnung von Wirtschafts- und Wohnbereichen der Häuser und ihrer Funktionalität.

Das Schleswig-Holsteinische Freilichtmuseum „sammelt" seit fast 50 Jahren Häuser aus den verschiedenen Landschaften des nördlichsten Bundeslandes. Die nach regionalen Baugruppen zusammengefassten rund 70 wieder aufgebauten Architekturexponate bieten einen Überblick über die wichtigsten Hausformen Schleswig-Holsteins. Da sind die Hallenhäuser, die im Wesentlichen in der Mitte und im Süden des Landes vorkommen, die Gulfhäuser der reichen Marschgebiete im Westen und der Halbinsel Eiderstedt, die quergeteilten Langhäuser besonders im Norden und an der nordfriesischen Küste und die Drei- und Vierseithofanlagen im Raum nördlich von Husum bis Tondern und bis zur Ostseeküste. Hinzu kommen Mühlen verschiedener Typen, Windmühlen aber auch Wassermühlen sowie Scheunen, Katen und kleinere Wirtschaftsbauten wie Ställe und Backhäuser.

Das Hallenhaus, das man auch als „Fachhallenhaus" oder „Niederdeutsches (Fach-) Hallenhaus" bezeichnet, vereinigt im Wesentlichen alle Funktionen (Wohnen, Wirtschaften und Bevorraten) unter einem Dach und hat im Grundsatz eine einheitliche Struktur des Grundrisses. Haupteingang des Hauses ist ein Tor, das aus zwei Flügeln, oft mit einer integrierten kleineren Türe, besteht. Diese „Grootdör" liegt an der Giebelseite des Gebäudes. Durch sie gelangen Menschen, Tiere und auch vollbeladene Wagen in eine offene Halle, die

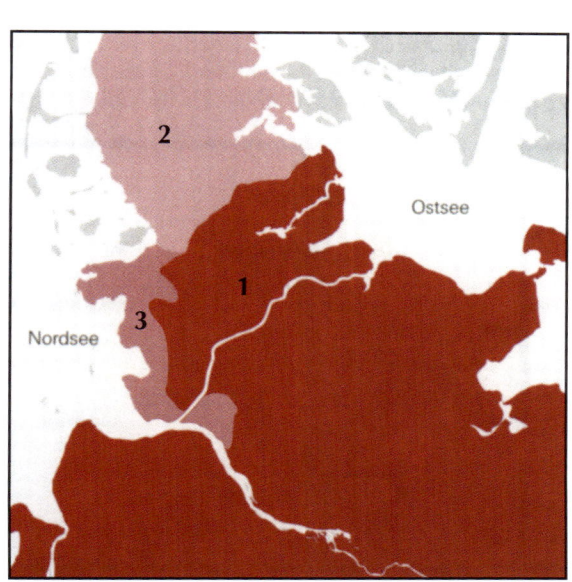

### Hauptverbreitungsgebiet der drei wichtigsten Haustypen

1  Niederdeutsches Hallenhaus

2  Jütisches quergeteiltes Langhaus (Uthland- u. Geesthardenhaus)

3  Haubarg und Barghaus (ohne die auch weiter südlich auftretende Gulfscheune)

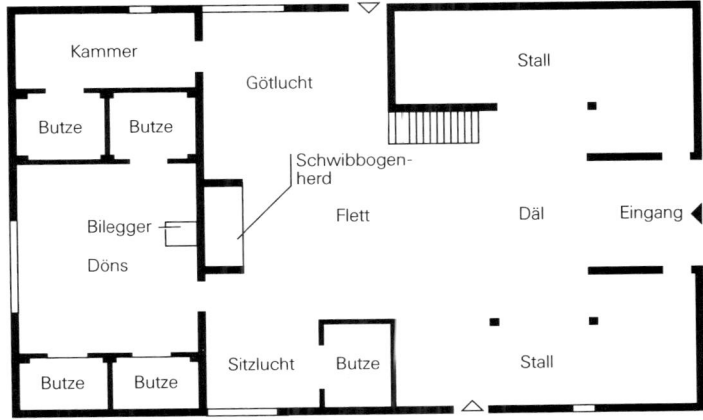

Typischer Grundriss eines niederdeutschen Hallenhauses am Beispiel des Hauses aus Elsdorf-Westermühlen (Nr. 8).

us der Diele, die sich in Längsrichtung des Hauses erstreckt, und dem sich anschließenden querliegenden Flett besteht. Heu und Getreide werden auf dem Dachboden gelagert, zu dem man durch eine offene Luke von der Diele aus gelangt. Der Fußboden der Diele besteht aus gestampftem Lehm, der Boden des Fletts ist gepflastert. Links und rechts der Diele liegen die Stallungen und auch kleine ungeheizte Kammern für das mithelfende Gesinde oder für Werkzeug. Im Zentrum des Fletts am Ende der Diele ist die Kochstelle; in der Regel besteht sie aus einem großen Herd mit gemauertem Rundbogen („Schwibbogen"), an dem die Nahrung zubereitet wird. Gekocht wird in Töpfen, die an Haken über dem Feuer hängen; diese Konstruktion erlaubt nur die Herstellung von Suppen, Eintopf- oder Breigerichten. Außerdem kann man über die Feuerlöcher auf Dreibeinen auch Pfannen stellen. Links und rechts des Fletts sind offene, hellere Räume, die Luchten: eine dient den Frauen als Arbeitsplatz, die andere als Essplatz.

Etwa ein Drittel des Hauses, hinter Herd und Luchten gelegen, besteht aus dem eigentlichen Wohnteil, dem sogenann-ten Kammerfach. Darin finden sich eine oder mehrere Kammern, die heizbare und rauchfreie Stube (Döns), die immer hinter dem Herd liegt, weil der Stubenofen als Hinterlader von außen „beladen", also befeuert wird (Bilegger). Hin und wieder ist hier auch ein in der Regel „kalter" Repräsentations- und Festraum (Pesel) mit in den Wänden eingebauten Schrankbetten (Alkoven) vorhanden.

Der Haustyp besticht durch seine ausgeklügelte ökonomische Struktur, die der Logik und Eigenart der ländlichen Wirtschaftsweise in vorindustrieller Zeit entspricht. Der Idealtypus unterliegt natürlich zeitlichen Veränderungen in Form von An- und Umbauten.

Gulfhäuser gab es – neben den Hallenhäusern – hauptsächlich auf der Halbinsel Eiderstedt, in Stapelholm, Dithmarschen und den holsteinischen Elbmarschen. Die oft dem Meer abgerungene und eingedeichte Landschaft ist fruchtbar und die Häuser stehen inmitten der intensiv bewirtschafteten Felder auf künstlich aufgeschütteten Hügeln. Als Haubarge sind es relativ hohe Gebäude mit mächtigen Dächern und einem nahezu quadratischen Grundriss. Zentrum

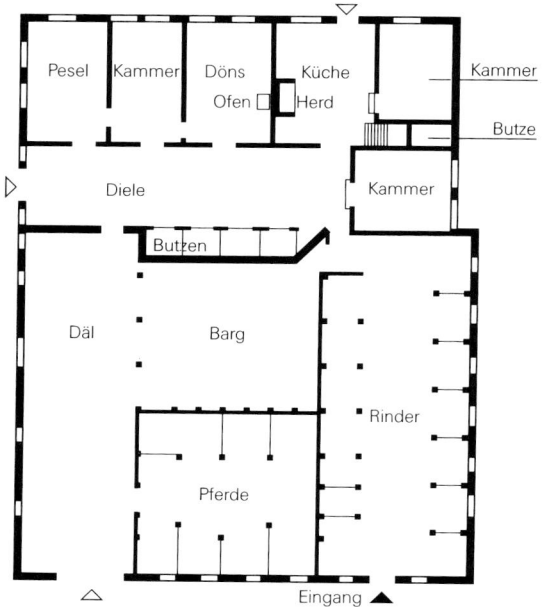

Das Gulfhaus ist im Westen Schleswig-Holsteins anzutreffen. Grundriss des Eiderstedter Haubargs (Nr. 42).

Fachwerk- oder Massi[...] bauweise.

Eine Gulfkonstruktion h[...] den Vorteil, dass man g[...] gen über Fachhallenba[...] ten gleicher Größe wer[...] ger als zwei Drittel a[...] Bauholz benötigt, sie d[...] für aber rund 50% me[...] Stapelraum bietet. D[...] hohe Bauweise und d[...] relative Leichtigkeit d[...] Konstruktion mache[...] diese Bauwerke anfäll[...] gegen hohe Windbela[...] tung. Die große Dachflä[...] che neigt zur Reparatu[...] bedürftigkeit.

Im Gebiet nördlich vo[...] Eiderstedt, also auf de[...] Nordseeinseln, den Ha[...] ligen, an der nordfries[...] schen Küste und auch au[...]

des Hauses ist nicht die Diele, sondern der Gulf oder Barg, ein Speicherraum für Getreide und Heu. Die gesamte Heuernte wird hier vom Fußboden bis unter das Dach gestapelt. Um dieses Zentrum gruppieren sich Wohnräume und Küche, Ställe und Dreschdiele. Bei den Barghäusern ist nur der Speicher- und Stallteil als Gulfkonstruktion ausgeführt, die L- oder T-förmigen Anbauten in

dem sich nach Osten anschließende[...] Geeststreifen herrschen langgebaute[...] schmalere Häuser vor. Dass die Bauwei[...] se von Norden her, von Jütland, beein[...] flusst ist, nimmt nicht Wunder. Die Ein[...] gangstüren liegen an der Traufe, de[...] Längsseite des Hauses. Von dort ist da[...] Innere mittels einer kleinen Eingangs[...] diele erschlossen; jeweils links und[...] rechts von ihr liegen der Wohnteil mi[...]

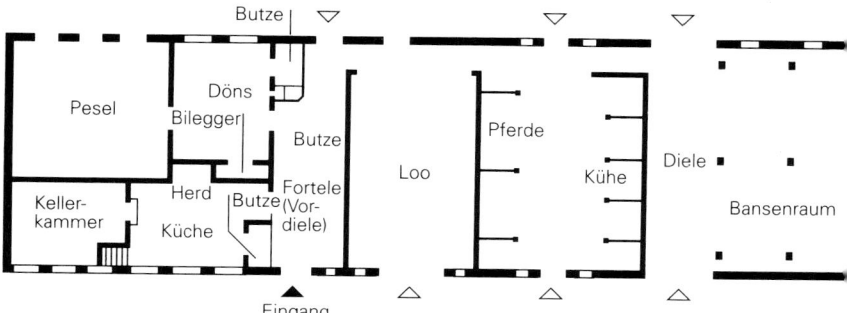

Lange, quergeteilte Häuser baute man besonders im Norden des Landes. Hier ein größeres Geesthardenhaus (Nr. 48) mit Zugängen von der Längsseite.

10

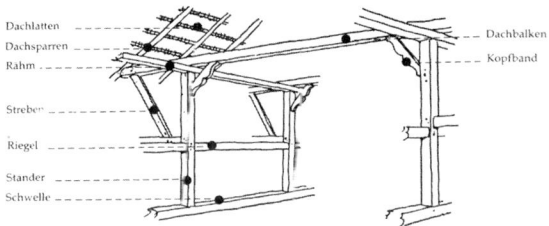

pisiertes Schema einer
chwerkkonstruktion
it den wichtigsten
griffen.

Dachlatten
Dachsparren
Rahm
Dachbalken
Kopfband
Strebe
Riegel
Stander
Schwelle

eizbarer Stube, kalten Kammern und er Küche sowie – auf der anderen ausseite – der Wirtschaftsbereich mit all, Dreschdiele und Scheunenraum. ieser ist im „Uthlandfriesischen Haus" om Giebel aus durch eigene Türen der Tore zu erreichen. Vom Grundsatz nd die Langhäuser auf den Halligen nd dem nordfriesischen Küstenstreifen, em „Uthland", kleiner und niedriger – e Menschen leben hier weniger von er Landwirtschaft, sondern mehr von schfang und Handel – als diejenige uf der Geest. Dort herrscht das „Geest- ardenhaus" vor, eine Kombination von achhallen- und Gulfkonstruktion. Hier ird ausschließlich Landwirtschaft be- ieben, daher sind die Wirtschaftsberei- he größer, die Gebäude mit geschoss- ohen Wänden entsprechend stattlicher nd haben an der Längswand große To- e als Eingang und Zufahrt zum Wirt- chaftsteil.

rei- und Vierseithöfe, die oft auch urch Anbauten an Langhäuser entstan- en sind, trifft man allenthalben in den uchtbaren Gebieten, in denen die Ern- n reich und der Viehbestand groß wa- n. Das ist besonders im Raum nördlich on Husum bis Tondern und nach Osten is zur Küste der Fall. Dementsprechend ehmen die Wirtschaftsbereiche im aus den größten Teil ein. Pferde- und uhställe brauchen Platz und auch der aumbedarf für die Lagerung von Ge- eide und Heu muss so bemessen sein, ass Mensch und Tier gut über den Win- r kommen. Auf großen Höfen sind ehr Menschen nötig, um die anfallen-

den Arbeiten zu erledigen; daher sind die Küchen größer und der Raum zum Wohnen und Schlafen ebenfalls. In vie- len Gegenden Deutschlands hat man diese geschlossene Form der Drei- oder Vierseitanlagen bevorzugt.

In vielen Gegenden Schleswig-Holsteins reichte der Platz im Haus nicht aus, um Ernte, Futtervorräte, Nutztiere oder an- dere wirtschaftliche Teilbereiche unter- zubringen. Daher wurden neben Wohn- gebäuden Scheunen errichtet, die wie in Holstein oder Angeln als Längs- oder Querscheunen in ihren Ausmaßen Wohn-Stall-Häusern ebenbürtig sind, wenn sie diese nicht sogar überschrei- ten. In den westlichen Marschlandschaf- ten kommen große Scheunen auch als Gulfkonstruktionen vor; ein imposantes Beispiel haben wir im Museum. Kleine- re Bauten wie Schuppen, Schweinestäl- le oder Backhäuser sind in großer An- zahl, in unterschiedlichen Formen und zu verschiedenen Zeiten anzutreffen, als Fachwerkkonstruktionen mit Lehmwän- den, in Bohlenbauweise oder als massi- ve Ziegelbauten. Auch Katen, in denen oft zwei oder mehrere Wohnungen un- tergebracht sind, begegnen uns in unter- schiedlichen Konstruktionen; sie werden von Kleinbauern- oder Handwerkerfa- milien genutzt. Eigene und separate Al- tenteilerhäuser für die Eltern, wenn sie den Hof übergeben haben, oder Armen- häuser, in denen meist am Rande der Dörfer die Armen untergebracht waren, vervollständigen unsere kursorischen Bemerkungen über historische Häuser und Hausformen.

## Torhaus für das Gut Deutsch-Nienhof
**Rekonstruktion nach einem Entwurf von 1770**
**Kreis Rendsburg-Eckernförde**
**Aufgebaut 1975**

Torhäuser sind Teile von Gutsanlagen und Kennzeichen einer eigenständigen adeligen Baukultur, die einst in einigen Gegenden Schleswig-Holsteins das Landschaftsbild prägte. Zu den Gutsanlagen gehören neben dem Torhaus als Entree das oft weit zurücktretende Herrenhaus sowie mächtige Scheunen und Ställe auf den Seiten. Die Anlagen sind symbolischer Ausdruck von adeliger Herrschaft über Land und Menschen und konkreter Niederschlag einer Form von Grundherrschaft, der Gutswirtschaft. Sie verweisen darauf, dass auch der Adel vornehmlich Landwirtschaft betrieb. Torhäuser enthalten Ställe, Remisen oder Wohnungen für die Bediensteten.
Einen bedeutenden Herrensitz finden wir in Deutsch-Nienhof, das erstmals 1472 erwähnt wird. Heinrich von Ahlefeldt bildet aus dem einstmals größeren Gutsbesitz seines Vaters einen neuen Hof – Nienhof. „Deutsch" wird dem Gut zur Unterscheidung von dem im Dänischen Wohld gelegenen gleichnamigen Gut Nienhof beigefügt.

Das Herrenhaus wird wahrscheinlich erst um 1500 errichtet und erfährt eine Reihe von Umbauten und Erweiterungen. Zu einem dritten Umbau, der im Jahre 1770 geplant war, kommt es nicht mehr. Der Eutiner Hofbaumeister Georg Greggenhofer schlägt den Umbau von Herrenhaus und Torhaus vor, für den Bauzeichnungen vorhanden sind. Doch erst 1974 werden Greggenhofers Pläne verwirklicht, als im Museum das breit angelegte, barocke Torhaus neu errichtet wird.

Auch in Schönweide, Hasselburg, Wellingsbüttel, Ahrensburg, Tangstedt und Testorf sind Torhäuser des Baumeisters zu sehen. Greggenhofer wandert um 1750 aus Süddeutschland zu, versteht sich in Holstein einzuleben und weiß den Backsteinbau in der Art, wie er sich hier mit verhaltenen, in der Struktur gebundenen Zieren, Leisten und Blenden entwickelt hatte, konsequent fortzusetzen.

Im Museum übernimmt das 62 m lange, 7 m tiefe und 7,40 m hohe Torhaus mit seinem von einem Turm überhöhten Mittelbau seit 1972 die Funktion des Eingangs- und Verwaltungsgebäudes mit Kassen, Museumsladen, Bibliothek, Büro-, und Archivräumen. Der ursprünglich in einem Flügel untergebrachte Werkstattteil und der Vortrags-/Medienraum werden im Zuge eines Umbaus 2003 ausgegliedert und machen einem erweiterten Eingangsbereich Platz. Gleichzeitig erhält der Bereich vor dem Torhaus eine konsequente, symmetrische Neugestaltung, wie es einem barocken Gebäude geziemt.

Ansicht und Grundriss von Georg Greggenhofer von 1770.

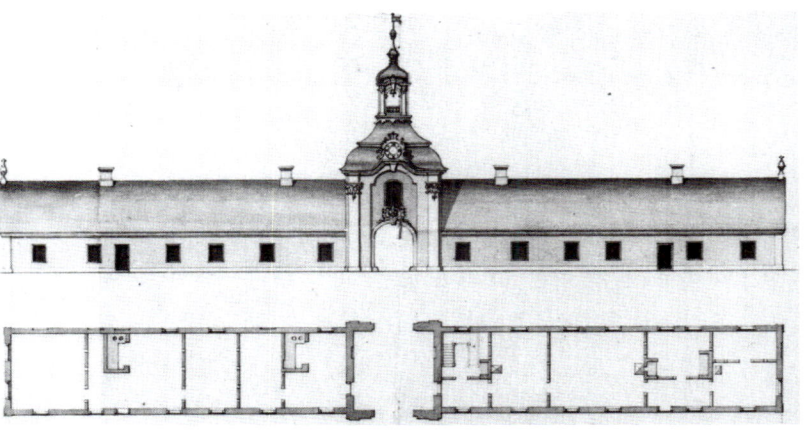

## Scheune aus Wilmsdorf
**Erbaut 1791**
**Kreis Ostholstein**
**Wiederaufbau 1975**

## 2

Lagerraum ist innerhalb der bäuerlichen Ökonomie unabdingbar zur Bevorratung großer Mengen von Futter und Getreide. Sieht man von der Sonderform des Haubargs ab, wird dies in der Regel mit der Nutzung der Dachböden oder mittels dicht an die Wohnhäuser gebauter Scheunen gelöst. Von unterschiedlicher Gestalt, Größe und Konstruktion können Scheunen oder Teile davon auch als Jung- und Kleintierstall genutzt werden, dienen als Unterstellplatz für Wagen oder landwirtschaftliche Geräte oder sogar als Schlafmöglichkeit für Knechte. Alle Fachhallenscheunen haben zwei Ebenen: den Dachraum zur Bevorratung der Ernte und den ebenerdigen Bereich, der verschiedene Funktionen vereinen kann.

Die Scheune aus Wilmsdorf am Hemmelsdorfer See gehört der Familie Ehlers, wie die Inschrift auf dem Sturzbalken ausweist: „FRIEDRICH CARL EHLERS ANNA CATHARINA EHLERSEN DEN 2 TEN MAY ANNO 1791". Sie ist als Dreiständerbau konstruiert und erlaubt mittels zweier seitlich versetzter, gegenüberliegender Tore das Durchfahren der Diele und erleichtert so das Befüllen von Dachboden und den beiden seitlichen Bansenräumen. Diesen gegenüber an der Südwestseite sind ursprünglich Räume für Vieh und Fahrzeuge vorgesehen.

Der besondere Reiz dieser aus dem einstigen Fürstbistum Lübeck stammenden Scheune liegt in der Ausgestaltung der Schauwand mit vielen Verstrebungen und Zierverbänden in den gemauerten Fachwerkfüllungen. Um eigene Muster zu gewinnen, setzt man Backsteine zurück und streicht Muschelkalk ein. So entstehen Schmuckfiguren wie „Rispen" und „Windmühlen" in den Feldern und durch Anordnung des Fachwerks „Wilder Mann" und „Bauerntanz" – allesamt Schmuckelemente jenseits aller Funktionalität, die in die Zeit passen.

Im Museum teilt sich das Erdgeschoss die Funktionen einer Ausstellungsfläche und eines Gruppenraums u. a. für museumspädagogische Zwecke.

Die Scheune am alten Standort um 1960.

15

## Haus aus Großharrie
**„Haus Schurbohm"**
**Erbaut 1817**
**Kreis Rendsburg-Eckernförde**
**Wiederaufbau 1983**

3

Zwischen Kiel und Neumünster liegt das ehemalige Amt Bordesholm, das aus Besitzungen des 1566 aufgelösten Klosters gebildet wird und bis zur Eingliederung Schleswig-Holsteins in Preußen 1867 existiert. Mittlere und kleinere Besitzverhältnisse sind charakteristisch; neben Getreide- und Viehwirtschaft war die Milchwirtschaft eine wichtige Einnahmequelle. Die Häuser fallen durch ihre typischen zwei- oder dreistufig verbretterten Steilgiebel aus Eichenholz ins Auge.

Die Hofanlage aus Großharrie, von der das im Museum wiederaufgebaute Haupthaus stammt, besteht Mitte des 19. Jahrhunderts noch aus einer Altenteilerkate, einer Scheune sowie Backhaus und Schweinestall (die beiden letzteren ebenfalls im Museum). 1817 wird ein älteres, 1661 erbautes Haus durch ein neues Haupthaus ersetzt. Als Besitzer sind seit 1817 die Familie Plambeck, seit 1900 die Familie Schurbohm und seit 1974 die Erbin Else Blöcker, die Nichte der Catharina Schurbohm, nachweisbar. Als die Familie Plambeck 1817 das neue Haus bezieht, sind es 13 Menschen, die es bewohnen. Die älteste Beschreibung stammt aus einer Gebäudesteuerliste von 1867. Demnach besitzt das strohgedeckte Fachwerkhaus zwei heizbare Stuben, drei Kammern und zwei Keller.

Anne Nohrden aus Großharrie, die als Kind viel Zeit im Haus verbringt, schildert Eindrücke vom Leben der Catharina Schurbohm in deren Haus. Sie spricht vom schlechten Zustand von Haus und Dach, das notdürftig mit Blechplatten repariert wird, von einem in der Sitzlucht notdürftig abgeteilten Aufenthaltsraum mit Sofa, Tisch und Stühlen, der „Tagesstube", die von einem kleinen Kanonenofen beheizt wird und vom ganz und gar unromantischen Kochen auf dem Schwibbogenherd in der offenen Diele noch bis zum Zweiten Weltkrieg. Sie erzählt davon, dass Kühe und Pferde im selben Raum wie der Kochherd stehen und die Hühner zwischen den Töpfen und Tellern in der Götlucht herumlaufen. Sie spricht auch davon, dass die kinderlose Catharina Schurbohm keine Altersversorgung hat, von einem kleinen Einkommen aus der Verpachtung der Ländereien lebt und sonst von dem „was ihr die anderen Leute aus dem Dorf zukommen ließen". Zur Verbesserung ihrer finanziellen Situation stellt Catharina das Haus anderen als Räucherkate zur Verfügung.

Giebel des Wohnhauses aus Großharrie im Originialzustand, um 1975.

## Altenteilerhaus aus Negenharrie
**Erbaut 1845**
**Kreis Rendsburg-Eckernförde**
**Wiederaufbau 1977**

Haupthaus, Backhaus und Schweinestall aus Großharrie und das Altenteilerhaus bilden zusammen
eine geschlossene Bordesholmer Hofanlage. Das
Altenteilerhaus stammt jedoch vom benachbarten
Dorf Negenharrie und dort vom Hof Schnack, der
mindestens seit 1606 nachweisbar ist. Die Schnacks
kommen aus dem östlich von Bordesholm gelegenen Gutsbezirk Depenau. Nach Aufhebung der
Leibeigenschaft auf Depenau siedelt 1809 ein Teil
der Familie nach Negenharrie über; im selben Jahr
kauft Hans Christian Schnack den bestehenden Hof
von Otto Bülck, führt ihn bis 1849 und überlässt ihn
dann seinem Sohn Hans Friedrich. Hans Christian
wirtschaftet offenbar so erfolgreich, dass er 1845
das im Museum aufgebaute Altenteilerhaus für sich
und seine Frau bauen kann (Inschrift „2. Juli 1845"
auf den Kopfbändern der Türständer).

Das Hallenhaus mit zwei Ständerreihen und zwei Abseiten ist als Wohnhaus geplant: wahrscheinlich hat das Gebäude ursprünglich zwei Feuerstellen und damit zwei Küchen, was darauf hindeutet, dass die Altenteiler eine Hälfte abgeben. Die Diele ist im Verhältnis zur Hausbreite sehr schmal und wird für landwirtschaftliche Arbeit wohl kaum genutzt, worauf auch die repräsentative Ausgestaltung (Marmorimitation der Wände) hindeutet.

Hans Christian stirbt 1863, seine Frau 1872, seitdem wird die Funktion als Altenteilerhaus aufgegeben. Möglicherweise lebt eine auf dem Hof beschäftigte Tagelöhnerfamilie ab 1863/64 neben der Witwe des Erbauers im Haus. Der letzte Besitzer Helmut Schnack verkauft das Haus an das Museum.

Die Einrichtung des Altenteils in einer bäuerlichen Ökonomie dient der Versorgung derer, die den Hof an die Jungen übergeben haben. Es ist ein Geschäft auf Gegenseitigkeit: Die junge Familie erhält Hof und Verantwortung, die Alten freies Wohnrecht, Versorgung mit Lebensmitteln (Teil der Ernte, Milchprodukte, Eier, Fleisch, auch in Form eigener Tierhaltung) und Brennholz sowie das Nutzungsrecht meist eines Gartens oder Kohlhofs bis zum Tod. Dass dies nicht immer konfliktfrei bleibt, liegt auf der Hand. Daher sind in Übergabe- oder Altenteilsverträgen die Rechte

Das Haus in Negenharrie mit stark beschädigtem Dach. Aufnahme um 1970.

und Pflichten beider Teile schriftlich fixiert.

Nicht immer können die Altenteiler komfortabel in einem eigenen Haus untergebracht sein, wie auf dem Hof Schnack. Wenn dies die Wirtschaftskraft nicht erlaubt, müssen sie mit einem ausgebauten Teil der Scheune, einem umgebauten Backhaus oder einer zugewiesenen Stube im Haupthaus vorlieb nehmen.

## Backhaus aus Großharrie
**vom Hof Schurbohm**
**Erbaut um 1850**
**Kreis Rendsburg-Eckernförde**
**Wiederaufbau 1969**

**5**

Zu einer holsteinischen Hofanlage gehören neben
Haupthaus und Scheune verschiedene Nebengebäude. Zu ihnen zählen Backhäuser.

Der ständigen Brandgefahr wegen sind Behörden
seit dem 17. Jahrhundert bemüht, die Bauern zur
Verlegung der Backöfen nach draußen abseits der
Hofgebäude zu veranlassen. Im 18. Jahrhundert
wird der Bau separater Backhäuser erzwungen. Für
das Amt Bordesholm sind für 1709 erstmals 21
Backhäuser, für 1765 bereits 100 belegt.

Nachdem der große Steinofen Stunden vorher mit
Buchenholzfeuer erhitzt wird, werden Feuer und
Asche herausgebracht, feucht ausgewischt und
dann die Laibe hineingeschoben. Zwei-, auch
dreimal kann so Brot gebacken werden. Die Nach-
hitze dient dem Kuchen und dem Obst, das zu
Dörrobst getrocknet und für den Winter haltbar
gemacht wird. Backhäuser werden hin und wieder
auch als Wohnungen genutzt und ab der Mitte des
19. Jahrhunderts auch als Waschhäuser.

Der eigentliche Backofen im
Innern wird in Form einer
Halbkugel aus Rotsteinen
aufgemauert und mit einer
Lehmdecke verstrichen. Er
bietet Platz für mindestens
50 Brote, den monatlichen
Bedarf eines Hofes.

**6**

### Schweinestall aus Großharrie
**vom Hof Schurbohm**
**Erbaut um 1850**
**Kreis Rendsburg-Eckernförde**
**Wiederaufbau 1972**

Der pfannengedeckte kleine Fachwerkbau ruht auf einem behauenen Granitfundament mit hochgeführtem Backsteinsockel. Bodenschwellen wären bei der Nässe des Strohlagers schnell verrottet. Im Stall stehen mehrere Boxen für die Schweine bereit, die man wegen ihres Geruchs nicht im Haupthaus halten will. Der Bau stammt ebenfalls von der Hofanlage Schurbohm.
An der Stirnseite angelehnt finden wir ein kleines Holzhäuschen mit herzförmigem Ausschnitt, ein „Privet", ein Plumpsklo, das nicht zum Originalbestand gehören muss.

## Bockwindmühle aus Algermissen
**Erbaut 1766**
**Kreis Hildesheim, Niedersachsen**
**Wiederaufbau 1965**

Mühlen prägen vor der Entdeckung neuerer Ener-
gieformen, vor dem Durchsetzen einer entschie-
denen Industrialisierung allüberall das Landschaftsbild – und sie sind gleichzeitig Motor dieser Industrialisierung. Ohne Mühlen, vermittels derer Ge-
sellschaften in die Lage versetzt werden, eine große
Anzahl ihrer Mitglieder zu ernähren, hätte es kein
Wachstum der Bevölkerung, keine wirtschaftliche
Entwicklung gegeben. Jeder Wasserlauf wird für die
Einrichtung von Wassermühlen genutzt und wo der
Wind keine Mangelware ist, finden wir den er-
habenen, stolzen Partner, die Windmühle. Noch um
1900 gibt es in Schleswig-Holstein rund 1000
Windmühlen; heute sind nur einige erhalten, die
wenigsten funktionstüchtig.

Die – ältere – Form der Bockmühle oder „Deutschen Mühle", die es im Bereich des heutigen Schleswig-Holsteins seit dem 12. Jahrhundert gibt, ist in den 1960er Jahren schon so selten, dass das Museum auf ein Objekt aus Niedersachsen zurückgreifen muss, um diesen einstmals in ganz Nordeuropa verbreiteten Mühlentypus zeigen zu können. Der Name stammt vom feststehenden Unterbau, dem Bock, auf dem die Mühle zu stehen kommt. Darauf ist das Mühlengehäuse aber beweglich angebracht, so dass man es mittels eines langen behauenen Stammes, dem Steert, in den Wind drehen kann. Eine Mühle will ja, soll sie effektiv arbeiten, mit dem segelbespannten Flügelkreuz möglichst direkt dem Luftstrom ausgesetzt sein. Aufgrund der schweren Handhabung wird die Bockmühle durch die leichter zu bedienende Holländermühle abgelöst.

In Algermissen war die Unterkonstruktion seit höchstens 1852 ummauert; der hölzerne Bock darunter war in schlechtem Zustand. Aufnahme um 1960.

Über eine Achse, die in der Mitte des Flügelkreuzes sitzt, wird die Kraft über ein Kammrad auf ein Getriebe übertragen, das den Läuferstein in eine horizontale Drehbewegung versetzt. Unter dem Läufer ruht der Bodenstein und zwischen den Flächen beider wird das Mahlgut zerkleinert. Das technische Prinzip vermittelte sich über die römische Kultur nach Deutschland und bleibt vom Hochmittelalter bis um 1900 im Grundsatz unverändert. Errichtet werden Mühlen von Mühlenbauern, die über spezialisiertes Wissen verfügen.

Die Geschichte der Mühle aus Algermissen reicht bis in das 16. Jahrhundert zurück. Die Bauzeit der in das Museum umgesetzten Mühle ist nicht restlos geklärt; das eingravierte Datum im Hausbaum gibt das Jahr 1766 an; da die Mühle am alten Standort zweimal umgesetzt wird, könnte sie auch älter sein. Heute ist sie das einzig erhaltene Denkmal dieses Mühlentyps in Schleswig-Holstein.

## Haus aus Elsdorf-Westermühlen
**„Haus Storm"**
**Erbaut um 1650**
**Kreis Rendsburg-Eckernförde**
**Wiederaufbau 1967**

**8**

Wenn das bemessene Hallenhaus mit niedrigen Wänden im Museum von vielen als „Kate Storm" bezeichnet wird, dann deshalb, weil es, soweit die schriftlichen Quellen zurückreichen, einer Familie Storm gehört hatte. Das Haus in der Größe einer Kate steht – zusammen mit dem Haupthaus, einer Scheune und einem Stall – als Altenteilerhaus auf der östlich von Westermühlen gelegenen Landstelle Vordamm. Vordamm und die Wassermühle in Westermühlen sind in einer Hand: der Mühlenpächter, ein Hans Storm, ist gleichzeitig Viertelhufner. Nach dem Tod von Hans Storm im Jahre 1704 scheinen beide Betriebe getrennt zu werden; jedenfalls erscheint ein Carsten Storm als Hofinhaber und als Müller ein Johann Casimir Storm, der Vater des Schriftstellers Theodor Storm. Die letzte Bewohnerin des Altenteilerhauses wird seine Tante

Gude Storm gewesen sein, ein „gebücktes kleines Mütterchen mit kräftigen grauen Augen", wie der Dichter sie liebevoll beschreibt. Sie stirbt 1854. Seitdem verfällt das Gebäude, so dass man 1870 ein neues Altenteil an anderer Stelle des Hofes errichtet. Das alte Haus dient zum Unterstellen von Maschinen und Geräten, bis es 1966 mit finanzieller Unterstützung des damaligen Kreises Rendsburg ins Freilichtmuseum überführt wird.

Das Altenteilerhaus hat im Grundriss die charakteristischen Merkmale eines Hallenhauses: Gegenüber dem großen Einfahrtstor (Grootdör), das als Heckschur in das Reetdach eingeschnitten ist, liegt das Flett mit dem schornsteinlosen offenen Schwibbogenherd, links und rechts davon die „Luchten" (Essbereich auf der einen, Arbeitsbereich auf der anderen Seite). Die „Döns", die Stube im Kammerfach hinter dem Herd, wird von einem eisernen Bilegger (Hinterlader) von 1629 nur mäßig erwärmt. Auf ihm ist eine sich erdolchende Lukretia sowie der Sieg Josuas über die fünf Amoriterkönige dargestellt. In den Kübbungen links und rechts der Diele sind Ställe, in der Lucht und in der Stube Schrankbetten (Alkoven) untergebracht.

Aufnahme um 1955 vor der Übernahme in das Museum. Das Fenster über der Einfahrt ist ein nachträglicher Einbau, der nicht übernommen wurde.

Haus Nr. 42

## Wie man ein Haus beheizt: Feuerstelle, Herd und Ofen

Das Leben in den vorindustriellen ländlichen Häusern war ohne brennende Feuerstelle undenkbar. Sie bildete das Zentrum des Hauses und diente nicht nur zum Kochen, sondern war auch wichtigste Wärme- und Lichtquelle in den feuchtkalten und dunklen Gebäuden. In rechtlicher Hinsicht hatte die Herdstelle ebenfalls eine wichtige Funktion. Als Hausbesitzer galt man nur, wenn man ein „eigenes Feuer" hatte. Darauf geht auch die heute noch verwendete Redewendung „Haus und Herd" zurück.

Im 18. Jahrhundert wurde als Brandschutzmaßnahme gesetzlich angeordnet, die ursprünglich frei im Raum liegende Feuerstelle als gemauerte Herdbank mit eingelassenem Feuerloch einzurichten. Außerdem war sie seitlich mit gemauerten Wänden sowie einem bogenförmigen Überbau (Schwibbogen) zu versehen. Durch den Schwibbogen sollten die Funken unterhalb des leicht entzündlichen Reetdaches abgefangen werden.

Im Niederdeutschen Hallenhaus hatte der Herd seinen Platz meistens an der Rückwand der Diele, die diese vom Kammerfach, dem eigentlichen Wohnbereich, trennte. Trotz des ständig brennenden Feuers lag die Innentemperatur der Häuser durchschnittlich nur rund 6 Celsius über der jeweiligen Außentemperatur. In klaren Winternächten waren Raumtemperaturen unter dem Gefrierpunkt somit nichts Ungewöhnliches. Lediglich direkt am Schwibbogenherd spürte man die Wärme. Kein Wunder also, dass ein Platz am Herd gerade in der kalten Jahreszeit sehr beliebt war.

In einem Niederdeutschen Hallenhaus war es nicht nur kalt, sondern auch ständig verräuchert, weil es keinen Schornstein hatte, daher auch der Name „Rauchhaus". Der Qualm des offenen Herdfeuers hinterließ Ruß, beißenden Geruch und führte zu gesundheitlichen Schäden bei den Bewohnern. Erkrankungen der Augen und Entzündungen der Atemwege waren weit verbreitet. Das alles nahm man aber in Kauf. Schließlich konservierte der Rauch das Gebälk und hielt Holzschädlinge sowie anderes Ungeziefer fern. Außerdem räucherte er Schinken und Würste, die vor dem Schwibbogenherd hingen und trocknete das Getreide, das auf dem Dachboden lagerte.

Schornsteine waren nicht nur in den Regionen, in denen das Hallenhaus der übliche Gebäudetyp war, sondern auch anderswo in Schleswig-Holstein zunächst eher selten. Erst im 17. und im 18. Jahrhundert nahmen

Frau beim Kaffeemahlen vor einem Schwibbogenherd. Aufnahme um 1920.

sie allmählich zu, auf dem Land allerdings eher zögerlich. Festhalten lässt sich jedoch, dass die heute noch erhaltenen jütischen Langhäuser im nordfriesischen und Schleswiger Raum sowie die Gulfhäuser auf Eiderstedt und den Elbmarschen im Gegensatz zu den ursprünglich schornsteinlosen Hallenhäusern einen Abzug besaßen. Übrigens waren längst nicht alle Schornsteine gemauert, es gab auch welche aus Brettern oder aus lehmverputztem Fachwerk. Nachträglich wurde auch in viele Hallenhäuser ein Abzug eingebaut. Seit der sogenannten Gründerzeit, also seit dem letzten Drittel des 19. Jahrhunderts, erhielten neue Häuser grundsätzlich einen gemauerten Schornstein. Der Rauch wurde nun direkt nach draußen geleitet und die Räume blieben rauchfrei. Bauordnungen legten fest, wie ein Schornstein beschaffen sein musste. Zu groß war die Gefahr, dass durch eine fehlerhafte Konstruktion ein Brand verursacht wurde. An der Rückwand des Schwibbogenherdes stand in der angrenzenden Stube ein „Bilegger" (Beilegeofen). Da das Nachlegen des Brennmaterials, das „Bileggen", von hinten durch eine Öffnung des Schwibbogenherdes erfolgte, hieß der Kastenofen auch Hinterlader. Die Stube, die er beheizte, die „Döns", war so nicht nur relativ warm, sondern auch ohne Rauch, da dieser durch die Wandöffnung zurück zum Schwibbogen entwich. Ein Bilegger bestand meistens aus fünf zusammengesetzten Eisenplatten. Seine Innenkonstruktion war eher einfach. Aschenfang und Rost fehlten, so dass Holz oder Torf bzw. andere Feuerungsmaterialien direkt auf dem Ofenboden brannten. Durch Holzpaneele an den Wänden oder Fliesen direkt hinter dem Ofen hielt sich die Wärme des Bileggers länger im Raum. Abschraubbare Messingknöpfe dienten als Handwärmer. Auf dem Ofen konnten unter einer Stülpe Speisen und Getränke warm ge-

Der Bilegger in der Döns im Barghaus aus Arentsee (Nr. 25) stammt aus dem 17. Jahrhundert.

halten und an Gestellen auf oder über dem Ofen Wäschestücke getrocknet werden. Eiserne Bilegger, die es im ländlichen Schleswig-Holstein erstmals im 17. Jahrhundert gab, stellten dort bis weit ins 19. Jahrhundert die gängigsten Öfen dar. Weniger verbreitet waren sie dagegen in gekachelter und aufgemauerter Form.

Öfen verbrauchten weniger Brennstoff und heizten Räume effektiver als offene Feuerstellen. Außerdem entwich nicht mehr die meiste Heizenergie als heißes Rauchgas ungenutzt ins Freie. Statt dessen erfolgte die Erwärmung indirekt durch heiße Ofenplatten. Die traditionellen Öfen verbrauchten jedoch auch weiterhin viel Brennmaterial und hatten nach wie vor eine verhältnismäßig geringe Wärmeleistung. Außerdem war ihr Platz vom Standort des Schwibbogenherdes abhängig und somit nicht variabel. Diese Nachteile führten zur Erfindung neuer Öfen, deren Verbreitung eng mit der Entwicklung des Schornsteinbaus verknüpft war. Rauchzüge und der

Einbau wärmespeichernder Materialien wie Ziegel- oder Schamottesteine sowie die Trennung von Feuer und Asche bewirkten eine wesentlich bessere Heizleistung und führten schrittweise zur Verdrängung des herkömmlichen Bileggers. Einen regelrechten Boom erlebten die „modernen" Öfen mit der Industrialisierung seit der zweiten Hälfte des 19. Jahrhunderts. Fabriken, wie die bereits 1827 gegründete

Feuerstelle im Haus aus Großharrie mit Schwibbogen und zwei modernen Herden, um 1950.

Carlshütte in Büdelsdorf, produzierten zahlreiche Geräte und entwickelten ständig neue Varianten. Die gängigsten Stubenöfen waren einfache und relativ günstige kleine Kanonenöfen. Sie bestanden aus Gusseisen und Blech und ließen sich wegen ihres geringen Gewichtes überall aufstellen. Sehr beliebt waren überdies sogenannte Zirkulier- oder Etagenöfen sowie Kochöfen, mit denen man nicht nur heizen, sondern auch kochen konnte.

1879 kamen in Deutschland Dauerbrandöfen auf den Markt, deren Füllung für einen ganzen Tag ausreichen sollte. Wegen ihrer Herkunft hießen sie „amerikanische" und „irische" Öfen. Durch eine verstellbare Luftzufuhr ließ sich die Feuerung erheblich besser regeln. Ein Sturz- und Steigezug am Ofen bewirkte, dass die Heizgase länger genutzt werden konnten und verhinderte gleichzeitig ein zu schnelles Abbrennen. Dauerbrandöfen waren allerdings teuer und deshalb für die ärmere Bevölkerung unerschwinglich.

Auch die sogenannten Sparherde oder „Englischen Herde", die seit der Gründerzeit mehr und mehr die traditionellen Schwibbogenherde ersetzten, waren nicht gerade günstig. Oftmals brach man

einfach einen Teil der bestehenden Ofenbank des Schwibbogenherdes heraus, um den neuen Herd dort aufzustellen. In anderen Häusern dagegen wurde die Diele so umgebaut, dass eine neue gesonderte Küche entstand. Ein großer Fortschritt gegenüber dem Schwibbogenherd war, dass sich das Feuer in einem abgeschlossenen Raum, dem Feuerkasten, befand. So verringerte sich auch hier der Brennstoffverbrauch erheblich, daher der Name „Sparherd". Zudem konnten Ruß und Rauch nicht mehr direkt in den Küchenraum gelangen. Ein Rohr an der Herdrückseite war dafür vorgesehen, an einen Schornstein angeschlossen zu werden. Falls dieser noch fehlte, richtete man das Abzugsrohr einfach in den oberen Teil des noch vorhandenen Schwibbogens.

Mit den neuen Herden ließ sich auf mehreren Stellen gleichzeitig kochen, und es gab einen Backofen. Im seitlichen „Wasserschiff" konnte nebenbei ständig Wasser heiß gehalten werden. Wegen der hohen Anschaffungskosten mussten aber viele Familien noch bis ins 20. Jahrhundert auf einen Sparherd verzichten und stattdessen weiterhin mit dem traditionellen Schwibbogenherd vorliebnehmen.

**9**

### Kate aus Großmeinsdorf
**Erbaut 1765**
**Kreis Ostholstein**
**Wiederaufbau 1980**

Schmuckfachwerk am Schaugiebel sowie Zierverbände und Putzfelder in der Backsteinausmauerung dieser kleinen Kate wollen so gar nicht zu unseren Vorstellungen vom Wohnen und Leben der kleinen Leute im 18. und 19. Jahrhundert passen. Dennoch ist dies im fürstbischöflichen Eutiner Land nicht selten.

1765 baut Marx Gehrck, Inhaber einer Vollhufe, der den Hof 1750 nach dem Tod seiner Mutter übernimmt, die Kate als Altenteilerwohnung. Darauf verweist auch die Inschrift über dem Türbalken „MARX GERCK – TRIENE MAGRETE GERCKS, DEN 3. JUNIUS ANNO 1765". 1768 übernimmt deren Stiefsohn Claus Friedrich Breide den Hof; 1782 zieht er selbst in die Kate ein. Seit 1823 wird sie jedoch nicht mehr von den Eltern der jeweiligen Hofeigner bewohnt, sondern von Landarbeitern – aus der Altenteilerkate wird eine Instenkate.

Zwei Wohnungen mit jeweils rund 20 qm Fläche finden wir in der Kate vor. Jede Partei hat einen eigenen Herd; jede Wohnung besteht aus Stube und Schlafkammer. Dazu kommen noch jeweils zwei Ställe. Um 1900 wohnen in der „großen Wohnung" (eine Stube ist geringfügig breiter) Hermann Erdmann mit Frau und fünf Kindern. Auf der anderen Seite hat es Hermann Hamer mit Frau und zwei Söhnen etwas besser. Dennoch: Elf Menschen auf 40 qm Fläche – der Wohnraum ist nicht so üppig wie heute.

Kate aus Großmeinsdorf am alten Standort mit Hermann Hamer (auch Bild oben) und Spitz um 1955.

Der Knecht Hamer, der später aus seinem Leben erzählt, ist 1886 geboren, wächst in Meinsdorf auf, arbeitet bei verschiedenen Bauern, macht Dienst beim Militär und dann wieder als Knecht in Meinsdorf. 1914 wird er eingezogen und nach Kriegsende sehen wir ihn als Chausseearbeiter. Doch bald darauf arbeitet er wieder als Knecht in seinem Dorf, bis er 1976 stirbt. Ein mit Arbeit ausgefülltes Leben, das für viele stehen mag. Nach seinem Tod findet sich kein Mieter für die Kate mehr.

# 10

## Haus aus Schipphorsterfeld
**„Haus Kortum"**
**Erbaut 1801/02**
**Kreis Plön**
**Wiederaufbau 1965**

Das zwischen Neumünster und Bornhöved gelegene Schipphorst gehört mit den Dörfern Hollen-
bek, Rendswühren und Klein Buchwald zum adeligen Gut Bothkamp. 1801 findet dort die alte
Leibeigenschaft mit einer Reform faktisch ihr Ende:
die Bauern erhalten ihre Stellen in Pacht, zunächst
ein Jahr auf Probe, ab 1802 meist auf zehn Jahre.
Das im Museum wieder aufgebaute, 1802 bezo-
gene Haus ist also Beispiel für eine Zeitpachtsied-
lung und wird von und auf Kosten der Guts-
herrschaft errichtet. Für sie müssen jährlich 10
Spann- und 4 Handtage, Transportdienste und weitere Arbeiten geleistet werden. Erst 1923 werden die
alten Pachtverhältnisse gelöst und die Bauern können Selbstständigkeit und Eigentum erlangen.
Ab 1830 werden die Kortums als Zeitpächter der
Stelle genannt. Der Mann im Haus, Johann Ludwig,

wird Bauernvogt, ist also der Erste im Dorf. Er muss seinem Vorgänger die Altenteilerstube überlassen. Die Kortums bleiben auf dem Hof, bis sie das Haus 1964 dem Museum übereignen.

Das Gebäude mit Vollwalmdach und Heckschur ist ein Fachhallenhaus mit hellen Luchten beiderseits des offenen Herdes und vollem Kammerfach. Es besteht aus drei Stuben, zwei davon sind mit jeweils einem Bilegger heizbar. Die dritte Binnenkammer dürfte als Schlafraum genutzt worden sein, denn

Schrankbetten fehlen im Haus. Im mächtigen Herd ist ein Backofen einge-baut, der unter der Koch-stelle liegt. Und zwischen Herd und Stubentüre se-hen wir einen in Holstein üblichen verglasten Aus-bau, die Utlucht, durch den man vom Innern der Döns aus die Diele bis zur Grootdör überblicken kann, was zur Kontrolle der Arbeiten im Wirtschaftsbereich hin und wieder sicher notwendig ist.

Haus aus Schipphorsterfeld (oben) und das Ensemble mit Scheune (unten) vor de Übernahme in das Museum 1962.

34

# 11

## Scheune aus Schipphorsterfeld
**Erbaut nach 1802**
**Kreis Plön**
**Wiederaufbau 1965**

Die Scheune vom Hof Kortum wird wenig später nach dem Bau des Haupthauses errichtet. In ihr sind die Schweineställe untergebracht, die man nicht im Haus haben mag. Daneben ist Platz für Wagen, Futter und Vorräte.

Die Scheune ist als Dreiständerbau konstruiert: Drei Ständerreihen tragen das Dach und eine Reihe ist gleichzeitig Bestandteil der Außenwand. Dort können die Ställe höher sein, als auf der gegenüberliegenden Außenwand und sie sind daher vielfältiger zu nutzen. Die niedrigen Ställe sind im Schwellenbereich massiv gemauert, was darauf verweist, dass hier von Anfang an Schweine gehalten werden.

### Ziehbrunnen aus Hohn
**Erbaut um 1800**
**Kreis Rendsburg-Eckernförde**
**Wiederaufbau 1966**

Der Brunnen steht bis zu seiner Überführung in das Museum in Hohn bei Rendsburg nahe einer Straße, so dass ihm jeder Wasser entnehmen kann. Mit Hilfe eines langen Schwengels, der in einen gegabelten Stürzbaum eingehängt ist, werden Eimer und Eimerstange in den Brunnen hinabgelassen. Der Brunnenschacht ist aus Feldsteinen gemauert. Im Museum ist der Ziehbrunnen dem Hausgarten der Hofanlage aus Schipphorsterfeld zugeordnet.

**12**

# 13

## Pfarrhaus aus Grube
### Erbaut 1569 (d)
### Kreis Ostholstein
### Wiederaufbau 1972

Ab den 1520er Jahren wird im Land der Katholizismus durch den neuen Glauben abgelöst. Auch der in dem kleinen Ort Grube bei Cismar tätige katholische Kaplan Stricker konvertiert 1532 zum Protestantismus und heiratet. Seine beiden Söhne werden Pastoren; der jüngere namens Jeremias Stricker übernimmt das Pfarramt in Grube. Für ihn wird 1569 das dortige Pastorat gebaut. „Tho Gottes ehren unde des pastoris Waninge" heißt es auf dem Sturzbalken über der Grootdör des Hauses: Zu Gottes Ehren und als Wohnung des Pastors.

Das Pfarrhaus um 1960 am alten Standort.

Auch die Nachfolger wohnen im Pastorenhaus, bis 1643 aufgrund seines schlechten Bauzustands ein Neubau errichtet wird. Das alte Haus dient den Pastoren künftig als Viehstall, denn sie betreiben zu ihrem Unterhalt Landwirtschaft. Das Gebäude wird im

Jahr 1569 erbaut – das ist inschriftlich wie auch den-
drochronologisch gesichert. Allerdings stammt das
der Grootdör gegenüberliegende, aus Kiefernholz
gezimmerte hintere Kammerfach mit dem Wohnteil
wohl nicht aus der Bauzeit, sondern wird nach dem
Umbau zum Viehstall Mitte des 17. Jahrhunderts
angefügt. Damit ist die Anordnung der Wohnräume
1569 unklar. Bei der Rekonstruktion im Museum
auf den Erbauungszustand des Hauses ist das Kammerfach jedoch als sicher aus der Bauzeit stam-
mend angenommen worden.

Vor dem Abbau in Grube hat das Gebäude an der
Giebelseite mit dem Einfahrtstor einen Krüppelwalm und rückseitig einen Vollwalm. Der rekonstruierte, verbretterte Steilgiebel an der Einfahrtsseite
dürfte grundsätzlich dem Erbauungszustand ent-
sprechen, während die rückseitige Dachform un-
gesichert bleibt.

Die inszenierte offene Feuerstelle als Vorläufer des
offenen Bogenherdes (Schwibbogenherd) mit der
aus Feldsteinen gemauerten, erhöhten Fläche und
dem Funkenschirm darüber verweist auf die
Lebensbedingungen des 16. Jahrhunderts. Die Malereien in der linken Kammer stammen aus einem
Wohnhaus in Preetz.

Heute wird das Haus im Museum auch für kirch-
liche Anlässe und für Trauungen genutzt.

## Bienenhaus
### Rekonstruktion

**14**

Der winklige, nach Westen offene Bienenstand ist
eine Rekonstruktion. Statt der Kästen benutzte man
früher Strohkörbe, die mit Lehm oder Kuhdung
abgedichtet waren.

# 15

## Haus aus Barsbek
**Erbaut 1797**
**Kreis Plön**
**Wiederaufbau 1971**

Der nördliche Teil Ostholsteins ist mit guten Lehm-
böden gesegnet. Um die Mitte des 13. Jahrhunderts
wird ausgehend vom Benediktinerinnenkloster in
Preetz der Landstrich kolonisiert und mit persönlich
freien, dem Kloster zu Diensten und Abgaben ver-
pflichteten Bauern besiedelt. Nach dem Verwalter
der klösterlichen Kolonisationsdörfer, dem Propst,
erhält die Landschaft den Namen „Probstei".
Während sich die Lage der leibeigenen Bauern in
den umliegenden, den ritterschaftlichen Gütern un-
tertänigen Dörfern verschlechtert, erlangen die
freien Bauern der Probstei ein erbliches Besitzrecht.
Sie können somit Perspektiven und einen Wohlstand entwickeln, der den Bauern der Westküste
kaum nachsteht und gelten als erfolgreiche Getrei-
dezüchter und innovative Landwirte. Die reich aus-
gestatteten Probsteier Stuben und die farbenfrohen

Trachten des 19. Jahrhunderts zeugen von diesem Wohlstand und vom bäuerlichen Selbstbewusstsein.

Im Jahr 1797 lassen einer Inschrift am Hausbalken zufolge Joachim Untiedt und seine Frau Grethe das Haus mit beidseitigem Krüppelwalmdach errichten. Es ist ein Fachhallenhaus jüngerer Art mit einer auffallend breiten, in der Probstei üblichen Diele, die genügend Platz für das Ausdreschen der guten Ernten bietet. Am Ende der Diele steht kein Schwibbogenherd, denn dieser findet seinen Platz in einer eigenen, sehr hohen und großen Küche im rückwärtigen Teil des Hauses. Zwischen Diele und Küche treffen wir auf eine Dunkelstube, die aufgrund der Wärme des Herdes ein beliebter Schlafplatz ist. In die von der Diele aus links gelegenen Stuben sind einmal blau gestrichene, ergänzte Paneele aus dem Haus und zum andern eine Stube aus Brodersdorf eingebracht. Die beiden keramischen Probsteier Öfen sind Anfang des 19. Jahrhunderts in Schönberg gebrannt. Der eine kommt aus Wisch, der klassizistische aus Schönberg, woher auch die Teller und Schüsseln stammen.

Heute beherbergt das „Haus Untiedt" – hier ein Foto vom alten Standort 1962 – im hinteren Bereich die Korbmacherei Sell.

## Speicher aus Brodersdorf
**Erbaut 1629**
**Kreis Plön**
**Wiederaufbau 1962**

In einer bäuerlichen Ökonomie sind die Bevorratung und die Einlagerung der Erntevorräte immer ein besonderes und existenzielles Problem. Wie über den Winter kommen, wenn die Ernte verdirbt? Baulich wird dies auf unterschiedliche Weise gelöst; in der Probstei bevorzugt man eigene, vom Haus entfernte Gebäude zumeist seitlich der Einfahrt. Es sind typischerweise relativ kleine, eingeschossige Speicher in Holzbauweise mit eingenuteten Bohlenwänden, die auf hohen Feldsteinen stehen, um gute Durch- und Unterlüftung und somit trockene Lagerung zu gewährleisten. Der Innenraum ist mittels halbhoher Bohlen in kleine Abteile gegliedert, die sogenannten „Dinns", in die das Korn, aber auch Rauchfleisch, Lebensmittel und Textilien zur Aufbewahrung kommen.

Der Bohlspeicher aus Brodersdorf trägt das Datum 1629 über der Mitteltür. Das Vollwalmdach steht etwa 1½ Meter über die Außenwände, um diese und den Inhalt vor Feuchtigkeit zu schützen. Er ist gänzlich aus Eichenholz gebaut.

uthentisch aufgebaut:
er Bohlspeicher am alten
latz.

## Altenteilerhaus aus Krummbek
**„Kate Göttsch"**
**Erbaut um 1650**
**Kreis Plön**
**Wiederaufbau 1965**

**17**

Über die Funktion eines Altenteilerhauses berichten wir unter Haus-Nr. 4. Das Altenteilerhaus aus Krummbek gehört zur Hofstelle der Familie Göttsch mit ca. 50 Hektar Land, die diese seit 1490 innehat und zu der ein Haupthaus gehört. Das Altenteilerhaus wird von zwei Familien bewohnt und jede Familie hat, wie in Ostholstein üblich, ihre eigene Heiz- und Kochmöglichkeit, ihren eigenen Herd. Der etwas nach rechts versetzte offene Herd am Ende der Diele mit einem waagerechten Abschluss oben, der seinen Rauch in die Diele entlässt, gehört zur Stube mit den Schrankbetten zur Rechten. Ein zweiter Herd liegt in der engen Küche links, an die sich ebenfalls eine Stube mit Schrankbett anschließt. Diese wird wohl als Altenteilerwohnung genutzt, die gegenüberliegende vielleicht von einem Knecht, möglicherweise dem älteren Bruder des Hofbesitzers, der bei vorherrschendem „Jüngstenrecht" (der jüngere Sohn erbt) auf dem Hof bleibt. Die Stuben beider Wohnungen sind mit eigenen Öfen („Bilegger") heizbar. Die zwischen ihnen liegende „Dunkelstube" kennen wir vom Haus aus Barsbek (Nr. 15).

Das Fachhallenhaus trägt ein Vollwalmdach, das beim Eingangstor ausgeschnitten ist. Den offenen Raum zwischen den Stallausbauten links und rechts nennt man „Heckschur" (von „Schauer"). Die Firstzier des Hauses in Form eines ausgesägten Fisches („Barse") mit eingesetzter Bleikugel ist die Nachbildung eines gleichartigen „Windweisers" vom Göttsch'schen Nachbarhaus.

Die „Kate Göttsch" im Jahr 1957 am alten Standort im Krummbek.

## Scheune aus Klein-Havighorst
**Erbaut um 1690**
**Kreis Plön**
**Wiederaufbau 1963**

**18**

Aus dem zwischen Preetz und Kirchbarkau gelegenen früheren Preetzer Klosterpachthof Klein-Havighorst, das zur sogenannten „Kleinen Probstei" gehört, stammt diese gewaltige, weiträumige Scheune zur Lagerung von Korn, vor allem auch zur Einlagerung des ungedroschenen Roggens. Eine gleichartige Scheune steht auf dem Hofplatz der früher ebenfalls zum Kloster Preetz gehörigen Pachthufe Hohenhorst bei Rönne, bis sie 1941 Brandbomben zum Opfer fällt. Damit ist die im Museum wieder aufgebaute Scheune die letzte Vertreterin dieser eigenartigen Bauform.

Beinahe bis auf die Erde reicht das gewaltige reetgedeckte Walmdach, das keinen Blick auf die Außenwände erlaubt. Einem großen Quertor dem Weg gegenüber liegt ein weiteres ebenso großes Einfahrtstor auf der Feldseite. Vollbeladene Erntewagen können hinein- und hindurchfahren. Beiderseits der Durchfahrt liegen die Bansenräume (Lagerräume) deutlich tiefer in der Erde; sie können mit dem Erntegut hoch aufgefüllt werden. Da die

Durchfahrtsscheune für die Pachtstelle Klein-Havighorst zu groß erscheint, vermuten wir mit dem Bauwerk eine ehemalige Zehntscheune zur Lagerung der Kornabgabe vor dem Weitertransport zum Wirtschaftshof des Klosters Preetz vor uns zu haben, ein Zeugnis des einstigen Ineinandergreifens von Klosterwirtschaft und bäuerlicher Ökonomie.

*Oben:* Viel Raum zum Lagern: Die Scheune aus Klein-Havighorst vor der Übernahme in das Museum mit stattlichem Reetdach, um 1950.
*Rechts:* Dächer mit Reet zu decken ist eine aufwändige Arbeit. Auch die Ernte der Hand ist anstrengend und kostet Zeit *(unten).*

## Haus aus Dahmsdorf
**Erbaut 1833/34 (d)**
**Kreis Stormarn**
**Im Aufbau**

Beinahe in letzter Minute kann das Museum den Abbruch der kleinen, vielfach umgebauten Kate verhindern, nachdem Versuche, sie an Ort und Stelle zu belassen, gescheitert waren. Ein wenig abseits der Höfe am Ortsausgang Richtung Lübeck gelegen ist sie seit 1979 unbewohnt und anstatt mit Roggenstroh gedeckt durch ein verrostetes Blechdach geschützt. Wir wissen, dass das Haus 1860 von sechs Familien bewohnt – insgesamt zehn Erwachsene und zehn Kinder – und 1867 im Gebäudesteuerregister als Armenkate bezeichnet wird. Vorher wird es eine kleine Bauernstelle gewesen sein. Um 1930 wohnen darin Lohnarbeiter, nach dem Zweiten Weltkrieg sind bis 1955 Flüchtlingsfamilien untergebracht. In diesem Zustand der 1950er Jahre zeigen wir das Gebäude – baulich und im Innern.

Dem Abbau im Jahr 2001 geht eine gründliche Dokumentation voraus, wie sie dem heutigen Transferierungsstandard an Freilichtmuseen entspricht: Verformungsgetreues Aufmaß, restauratorische Be-

funduntersuchung, dendrochronologische Bestimmung der Hölzer und Untersuchung des sozialen und wirtschafl ichen Umfelds. Die Übertragung im August und September 2001 erfolgt zu einem Großteil mittels der Technik der Transferierung von ganzen Wänden bzw. Wandteilen.

Im Innern sind nach Fertigstellung – neben den originalen Wänden und einer Einrichtung aus den 1950er Jahren – Informationen über die Geschichte des Hauses und eine Dauerausstellung zur Alltagskultur der Flüchtlingsfamilien zu sehen.

Das Haus aus Dahmsdorf am alten Standort kurz vor dem Abbau 2001 *(linke Seite und oben)*. *Unten:* Ein Wandteil wird gerade abgehoben *(rechtes Bild)* und auf einen Tieflader abgeladen *(linkes Bild)*.

## Korn, Kohl und Kartoffeln

Die schleswig-holsteinische Landbevöl-kerung ernährte sich bis ins 19. Jahrhun-dert fast nur von Lebensmitteln, die sie selbst erzeugte: Getreide, Gemüse und Obst sowie Fleisch, Milch und Eier. Da-neben bot die freie Natur Essbares, etwa Pilze, Kräuter, Wurzeln, Beeren, Wild oder Fisch. Weitere Lebensmittel gab es auf Märkten in der nächsten Stadt oder in Kolonialwarenläden, die seit dem be-ginnenden 19. Jahrhundert in einigen Dörfern zu finden waren. Dort wurden teure Importwaren wie Zucker, Kaffee, Tee oder Reis verkauft. Eine wesentliche Rolle in der Ernährung spielten gesell-schaftliche Unterschiede. Naturgemäß sah der gedeckte Tisch in großbäuer-lichen Familien anders aus als in mittel-losen Haushalten. Hier machten sich auch Not- und Hungerzeiten durch Missernten, Viehseuchen, Wirtschafts-krisen und Kriege zuerst bemerkbar. Im Vergleich zu heute gestaltete sich die tägliche Kost eher eintönig. Das lag aber nicht nur am verhältnismäßig geringen Nahrungsmittelangebot, sondern auch an den herkömmlichen Feuerstellen und Küchengerätschaften, die nur wenig Zubereitungsarten erlaubten. Dabei fi... nicht nur das Kochen und Backen, so... dern auch die Vorratshaltung in de... Aufgabenbereich der Frauen, die dafü... sorgten, dass es ganzjährig genügend z... essen gab.

Die wohl wichtigste Speise fast all... Landbewohner war lange Zeit Grütz... beziehungsweise Brei aus geschroteten... oder gemahlenem Getreide. Es gab si... täglich, nicht nur morgens und abend... sondern häufig auch mittags als vollwe... tiges Hauptgericht. Ein weiteres heim... sches „Nationalgericht" unter den Meh... speisen waren Pfannkuchen und Klöß... in verschiedenen Variationen. Pfann... kuchen galten als wahrer Leckerbissen... wenn sie mit Speck oder Früchten au... den Tisch kamen. Und Klöße, etwa de... Mehlbeutel, wurden mit Fruchtsoße... Backobst und gekochter Schweineback... zur Delikatesse.

Eine weitere bedeutende Getreideko... war Brot, für das überwiegend Roggen... mehl verwendet wurde. Auf dem Lan... hat man drei bis vier Wochen gebacker...

„Abendkost" in Holstein, Druck um 1900.

48

wobei der frühere Brotkonsum nicht mit dem heutigen vergleichbar ist. Hauptsächlich wurde es als Beilage gegessen. Erst mit den neuen Heißgetränken Tee und Kaffee, die im Laufe des 19. Jahrhunderts zunehmend das bis dahin übliche selbstgebraute Bier als Hauptgetränk ersetzten, stieg der Brotverzehr stark an und verdrängte so die morgendliche und abendliche Grütze. Süßes Backwerk dagegen kam lange nur zu besonderen Anlässen auf den Tisch. Da Rohrzucker als teures Luxusgut für die meisten Menschen unerschwinglich war, benutzte man zum Süßen allenfalls Honig. Erst mit dem Anbau der heimischen Zuckerrübe im 19. Jahrhundert wurde Zucker langsam günstiger, so dass feines Gebäck allmählich häufiger hergestellt werden konnte.

Das wichtigste Gemüse war Kohl. In einigen Gegenden und Familien kam er fast täglich auf den Tisch. Außerdem wurde er zu Sauerkraut verarbeitet und so haltbar gemacht. Wie herausragend Kohl für die Ernährung war, belegt die bis ins 20. Jahrhundert verbreitete Bezeichnung „Kohlhof" für einen Nutzgarten, auch wenn dort noch andere Gemüse wuchsen.

Die Kartoffel gelangte erst relativ spät auf die Tische der schleswig-holsteinischen Landbevölkerung. Ursprünglich in Südamerika beheimatet, kam sie im 16. Jahrhundert mit spanischen Eroberern nach Europa. Seit dem 18. Jahrhundert wurde ihre Kultivierung als Gemüsepflanze in Preußen planmäßig vorangetrieben, weil sie nasses und raues Klima viel besser vertrug als empfindliches Getreide und daher die Gefahr von Missernten und anschließenden Hungersnöten wesentlich geringer war. In Schleswig-Holstein dagegen breitete sich ihr Anbau zunächst nur zögerlich aus. Seit dem 19. Jahrhundert verdrängte sie jedoch zunehmend die vorher dominanten Mehlspeisen und wurde

schließlich sogar zum Hauptnahrungsmittel der einfachen Bevölkerung. Man aß sie als Pellkartoffeln, gestampft, angedickt oder gebraten.

Das Gartenobst bestand hauptsächlich aus Äpfeln, Birnen, Pflaumen und Kirschen sowie aus Strauchfrüchten wie Johannis- oder Stachelbeeren. Es wurde nicht nur roh verzehrt, sondern auch zu Fruchtsuppen und -soßen oder zu Beilagen verarbeitet, etwa für das Gericht „Birnen, Bohnen und Speck".

Der Verbrauch von Fleisch, besonders vom Schwein, war in der breiten Bevölkerung im Mittelalter verhältnismäßig hoch. Damals gab es in Schleswig-Holstein riesige Laubwälder und die dort massenhaft vorhandenen Eicheln boten eine kostenlose Futterquelle, die jedoch mit dem Abholzen der Wälder allmählich versiegte. Um 1800 hatte der Fleischverbrauch dann seinen Tiefpunkt erreicht, wobei es regionale Unterschiede gab. Zum Beispiel hielten die Großbauern an der Westküste zahlreiche Rinder und auch im östlichen Schleswig-Holstein sowie auf Fehmarn, gab es relativ viel Vieh. Im Rendsburger Raum hielt um 1800 ein Bauer durchschnittlich ein oder zwei Schweine, eine Kuh, einen Ochsen sowie Federvieh. Besitzlose Landbewohner dagegen hatten höchsten ein paar Hühner, eine Ziege und allenfalls ein Schwein. Das „Schlachtfest" fand wegen des winterlichen Futtermangels meistens im November statt und galt als ein ganz besonderes Ereignis. Schließlich konnte dann endlich einmal auch frisches und unkonserviertes Fleisch gegessen werden.

Tiere lieferten auch Eier und Milch. Diese wurde roh oder gekocht, flüssig oder eingedickt, frisch oder sauer zu fast allen Mahlzeiten verzehrt. Butter dagegen war ein Leckerbissen. Sie entstand durch das Stampfen von abgeschöpftem Rahm in einem hölzernen Butterfass. Dabei bildete sich als Nebenprodukt Buttermilch, die entweder getrunken, verkocht oder als Tierfutter verwendet wurde. Seit den 1870er Jahren übernahmen Meiereien (= Molkereien) zunehmend die Buttererzeugung. Auch Käse galt als Delikatesse. Er konnte allerdings nur dann hergestellt werden, wenn es genügend Milch zur Weiterverarbeitung gab. Die Käseherstellung, die überwiegend auf große milchverarbeitende Betriebe beschränkt war und ihren Schwerpunkt in der Wilstermarsch hatte, ging seit dem ausgehenden 19. Jahrhundert ebenfalls auf die Meiereien über.

Der Anteil von Fisch in der Ernährung war unterschiedlich. Da seine Lagerung schwierig war und ein längerer Transport nur eingeschränkt stattfinden konnte, spielte er hauptsächlich in der Nähe von Seen, Flüssen oder an der Küste eine größere Rolle. Namentlich auf den nordfriesischen Inseln und Halligen bildete Fisch den Hauptbestandteil der täglichen Nahrung, ebenso wie Muscheln, Krabben und Krebse.

Viele Lebensmittel waren nur zur Ernte- bzw. Schlachtzeit frisch verfügbar, für den Rest des Jahres mussten Vorräte angelegt werden. Die Konservierungsarbeiten begannen im Juni mit dem Einkochen der ersten Früchte und endeten im November oder Dezember mit dem Räuchern des Fleisches aus der Schlachtung. Bis ins ausgehende 19. Jahrhundert blieben dabei die Methoden der Vorratshaltung nahezu unverändert. Manchmal genügten geeignete räumliche Verhältnisse, wie ein Keller, ein trockener Raum oder eine Erdmiete, um Lebensmittel wenigstens einige Zeit vor dem Verderben zu schützen. Für die Konservierung von Obst, Gemüse, Kräutern sowie für Fisch war das Trocknen durch Luft und Sonne eine bewährte Methode. Außerdem „darrte" man Früchte im Backofen und machte sie so haltbar. Obst konnte zudem zu Mus verkocht werden, das allerdings wegen der hohen Zuckerpreise lange ungesüßt blieb. Es war auch üblich, Obst in Essig zu konservieren. Fleisch wurde ebenfalls sauer eingelegt und blieb so, zusätzlich mit einer Schmalzschicht abgedeckt, monatelang haltbar. Neben Essig war Salz unerlässlich für die Vorratshaltung, etwa für die Herstellung von Sauerkraut sowie das Pökeln und Räuchern von Fleisch.

Wesentlich länger als mit den traditionellen Praktiken konnten Lebensmittel durch Einwecken haltbar gemacht werden. Diese Methode der Hitzesterilisation breitete sich mit den nach Johann Weck benannten Töpfen und Gläsern um 1900 aus. Erstmals konnten nun saisonunabhängig das ganze Jahr über Gemüse und Früchte verzehrt werden. Für Fleisch und Wurst war die ebenfalls neue Methode des Eindosens besser geeignet. Dazu füllte man das verarbeitete Fleisch zu Hause in Falzdosen, brachte sie zum nächsten Kolonialwarenhändler und ließ sie dort mit einer Maschine verschließen. Das Einwecken und Eindosen wurde schließlich von der Gefriertechnik abgelöst, die auf dem Land seit den 1950er Jahren schrittweise Einzug hielt. Der Siegeszug des Einfrierens sollte im ländlichen Haushalt die mühsamen vorangegangen Methoden der Vorratshaltung nahezu überflüssig machen, zumal mittlerweile überall Dorfläden schnellen Ersatz anboten, falls zu Hause die Lebensmittel ausgingen.

**20**

### Haus aus Lehe
**„Haus Schmielau"**
**Erbaut 1781**
**Kreis Dithmarschen**
**Wiederaufbau 1970**

Dithmarschen ist der Landesteil Schleswig-Holsteins, der ehedem von einer wohlhabenden und selbstständigen bäuerlichen Bevölkerung geprägt war, deren Selbstbewusstsein noch heute allenthalben spürbar wird. Der schwere und fruchtbare Marschboden bestimmt den Reichtum; die Erträge gehen über See nach Lübeck, Hamburg, Bremen und in die niederländischen Städte. Die Schwestern von Wohlstand heißen Macht und politische Eigenständigkeit, und so ist Dithmarschen seit dem hohen Mittelalter von eigenstaatlichen Strukturen erfüllt. Bis zur Mitte des 16. Jahrhunderts wird das Land von einer Führungsschicht ansässiger Familien regiert, die in der Art einer republikanischen bäuerlichen Selbstverwaltung die Geschicke lenken.

Landesherrliche Begehrlichkeiten können angesichts des Reichtums nicht ausbleiben, doch in der legendären Schlacht bei Hemmingstedt im Jahr 1500 werden diese gegen die Allianz des dänischen Königs und des Herzogs von Holstein erfolgreich abgewehrt. 1559 jedoch unterliegen die Dithmarscher den wiederum vereinigten Truppen: Ab 1581 wird der Norden herzoglich, der Süden fällt an den dänischen König. Doch die großen Dithmarscher Höfe bleiben erhalten und ebenso eine gewisse Selbstverwaltung durch die bäuerliche Elite.

Das 1781 von Johann Boie erbaute Haus gehört zu den jüngeren Höfen und gilt als einer der schönsten der Landschaft. Nach seinem Tod heiratet seine Frau 1793 Eggert Schmielau, in dessen Eigentum das Haus übergeht. Es ist ein großes Hallenhaus, in dem ein für Süderdithmarschen typischer „Siddels" (von „sitzen"), eine zum Haus querliegende Diele, den Wohnteil vom Wirtschaftsteil trennt. Dieser ist zudem mit einer bemalten Holzwand abgeteilt, welche die Querdiele zu einem repräsentativen Empfangsraum macht. Hier ist Platz für das gemeinsame

Am Standort in Lehe um 1950.

Essen und in diesem Fall steht hier das Standardmöbel der Dithmarscher Bauern, das Hamburger „Schapp". Um den nicht minder repräsentativen Pesel, der Raum, der bei Besuchen genutzt wird und eine nach außen führende Rokokotür bekommen hat, die allerdings aus

Die Döns im Haus aus Schmielau *(oben).*
Ausschnitt aus der Bildtapete im Pesel *(unten).*

Husum stammt, gruppieren sich beiderseits sechs Stuben. Das alles entspricht dem damaligen Lebensstil der Dithmarscher Bauern, die nur vierspännig auszufahren belieben. Die Schmielaus sind überdies Landesbevollmächtigte, werden als Herren angesprochen und wissen, was sich in der Welt tut. Der Pesel ist mit Tapeten ausgestattet und in den

Elbmarschen sind es die beliebten französischen Bildtapeten („papier panoramique") gewesen. Die jetzt aufgebrachte Panoramatapete „Ansichten von Nordamerika" wurde 1835 bei Jean Zuber in Rixheim (Elsass) hergestellt und für das Museum nachgedruckt.

## Speicher aus Osterbelmhusen
**Erbaut um 1780**
**Kreis Dithmarschen**
**Wiederaufbau 1965**

21

Der massiv gemauerte Kornspeicher und die mächtige Winkelscheune (Nr. 22) stammen aus dem Lehe
benachbarten Osterbelmhusen und dort vom Hof
Piehl. Zusammen mit dem eben beschriebenen
Haus aus Lehe bilden sie im Museum eine Dithmarscher Hofanlage.

Der Speicher ist mit seinen reichen Pilasterformen,
den Profilen und Blenden, den aufwändigen Be-
schlägen an Tür und Luken eine bauliche Kostbar-
keit und Beispiel für einen an der Westküste selte-
nen Funktionsbau. Obgleich es sich „nur" um einen
trockenen Speicher handelt, ist hier ein Stück Architektur entstanden, das dem Formenkanon des
Spätbarocks auch bei Kirchen und Herrenhäusern
entspricht. Der Bauer und Bauherr Jakob Gottlieb
Piehl demonstriert hier ein – leicht verspätetes –
Modebewusstsein.

Das niedrige Kellergeschoss des Speichers dient mit
den offenen Luken dazu, mittels Luftdurchzug das
darüber gelagerte und gedroschene Korn trocken zu
halten. Beim Speicher aus der Probstei (Nr. 16) wird
dies mittels Feldsteinen gelöst.

Der reich verzierte Speicher
am alten Standort, um 1962

**22**

## Winkelscheune aus Osterbelmhusen
**Erbaut um 1850**
**Kreis Dithmarschen**
**Wiederaufbau 1965**

Die intensiv bewirtschafteten großen Höfe Süderdithmarschens brauchen für die Unterbringung der stattlichen Ernten mächtige Scheunen. Um die Wende vom 18. zum 19. Jahrhundert entstehen aus wirtschaftlichen Überlegungen hohe Gulfkonstruktionen, die vielfach mit einer niedrigeren, im Winkel angefügten Fachhallenscheune, die als Stall genutzt wird, verbunden sind. Derartige Kombinationsgefüge werden schlicht Winkelscheunen genannt. Eine Gulfkonstruktion hat den Vorteil, dass man weniger as zwei Drittel an Bauholz benötigt als bei Fachhallenbauten gleicher Größe, sie dafür aber rund 50 % mehr Stapelraum bietet.

Auch die zum Piehl'schen Hof gehörende Winkelscheune besteht aus zwei Teilen, einem Gulf- und einem im Winkel angebauten Fachhallenbau mit insgesamt 7.700 Kubikmetern Fassungsvermögen bei einer Grundfläche von 1.000 Quadratmetern und einer Firsthöhe von 19 Metern. Den großen Gulfteil bilden hier vier hintereinander angeordnete Vierkante, in denen vom Boden aus die Ernte gestapelt wird. Die Räume links und rechts zwischen den Ständerreihen und den Außenwänden dienen als Durchfahrtsdielen und zum Dreschen im Winter sowie für Stallungen, eingebaute Knechtkammern und zum Unterstellen von Wagen und Gerät. Der angebaute Fachhallenteil nimmt zu beiden Seiten der Diele das Hornvieh auf; der Dachboden beherbergt die Futtervorräte.

Die hohe Bauweise und die relative Leichtigkeit der Gulfkonstruktion machen diese Bauwerke anfällig gegen hohe Windbelastung und die 2.000 Quadratmeter große Dachfläche neigt zur Reparaturbedürftigkeit. Der hohe Gulfteil ist durch eine Hilfskonstruktion gesichert. Im Museum wird die Winkelscheune für Großveranstaltungen genutzt.

Die Winkelscheune am alten Standort im Zustand vor dem Abbau, um 1960.

**23**

### Kohlscheune aus Blankenmoor
**Erbaut 1936**
**Kreis Dithmarschen**
**Wiederaufbau 1995**

Kohlanbau in großem Stil setzt großflächige nähr-
stoffreiche Böden voraus. In Schleswig-Holstein ist
dies besonders in Dithmarschen und den Elbmarschen der Fall und dort entsteht ab dem späten
19. Jahrhundert das größte geschlossene Kohl-
anbaugebiet Deutschlands.

Dithmarschen gehört zu den neueren, großen An-
bauflächen. In vorindustrieller Zeit sind sie in der
Gegend um Glückstadt, im Alten Land, in der Nähe
großer Städte und in vielen Gebieten Süddeutsch-
lands anzutreffen. Der Transport in die Städte erfolgt
ab der Mitte des 19. Jahrhunderts mit der Bahn.
Kleinere Kohlbahnen dienen zum Transport von
den Feldern zu den Höfen oder zum Bahnan-
schluss.

Für den Massenanbau von Weißkohl reichen die
heimischen Arbeitskräfte in Dithmarschen nicht
aus. Über die „Deutsche Feldarbeiter-Zentralstelle"
mieten daher die Bauern geringer bezahlte Saison-
arbeiter vom Frühjahr bis November, die großteils
aus dem polnischen Teil Russlands kommen. Sie

leben in Arbeiterkasernen und arbeiten im Akkord. Da Weißkohl nach der Ernte in großen Mengen auf den Markt kommt, bringt die zeitliche Entzerrung durch Zwischenlagerung Absatz- und Preisvorteile. Winter- oder Dauerkohl eignet sich zur Lagerung. Die ersten Lagerscheunen entstehen in den Niederlanden, in Dithmarschen ab den 1930er Jahren. Die im Museum aufgebaute, nach Originalteilen und Bauzeichnungen rekonstruierte Lagerscheune kommt vom Hof Claußen aus Blankenmoor, heute Teil von Neuenkirchen. Der einfach gezimmerte 28 m lange und gut 8 m breite Bau hat auf beiden Giebeln zweiflüglige Einfahrtstore zum Beschicken der Lagerräume. Ein ausgeklügeltes Belüftungssystem, isolierte Wände und Decke sorgen für gute Lagerung der Kohlköpfe bei Frost oder Wärme im Frühjahr.

Die Kohlbahn stammt von einem Hof im Kronprinzenkoog in Süderdithmarschen. Zusammensetzbare Schienen werden in einer Länge von bis zu 5 km vom jeweiligen Feld bis zur Scheune verlegt.

Die Scheune in Süderdithmarschen, 1991. Das Blechdach wurde beim Wiederaufbau durch das ursprüngliche Reetdach ersetzt.

# Woher das Wasser kommt und wie es ins Haus gelangt

Heute drehen wir einfach den Wasserhahn auf, wenn wir durstig sind, kochen oder uns waschen möchten. Trinkwasser fließt anscheinend unbegrenzt in der Küche und im Bad, Stall oder Garten. In der Vergangenheit dagegen kam das kostbare Nass nicht von „selbst", sondern musste tagaus tagein aus einem natürlichen Gewässer oder einem Brunnen geholt und nach Hause getragen werden. Meistens mühten sich die Frauen mit den schweren Holzeimern ab, oft auch die Kinder.

Das Wort „Brunnen" ist in Schleswig-Holstein erst seit dem 18. Jahrhundert gebräuchlich, bis dahin war das niederdeutsche Wort „Sood" und manchmal auch der Begriff „Born" üblich. Die ins Erdreich gegrabenen senkrechten Schächte sind aus einfachen künstlich angelegten Wasserlöchern hervorgegangen. Zur besseren Instandhaltung wurden die Schächte mit Holz und seit dem 13. Jahrhundert immer häufiger mit Feld- oder Ziegelsteinen ausgekleidet. Eine Sand- oder Kiesschicht auf dem Brunnengrund diente als Filter. Es gab verschiedene Methoden, Wasser aus einem Brunnen zu schöpfen. Am einfachsten war es, einen Eimer an einem Seil hinabzulassen und gefüllt wieder hochzuziehen. Bei einem Drehbrunnen dagegen ließ man den Eimer mit Hilfe einer Kurbel und einer Welle zum Wasser hinab. Ziehbrunnen gab es in Schleswig-Holstein seit dem Mittelalter. Hier wurde der Eimer mit einer Stange und mit Hilfe einer langen Wippe, die in einen Gabelbaum gehängt und mit Gewichten beschwert war, hinabgelassen. Seit dem 19. Jahrhundert ersetzten zunehmend Pumpen die offenen Brunnen. Sie waren nicht nur einfacher zu installieren, sondern auch kraftsparender zu bedienen. Außerdem blieb das Wasser sauberer. Die ersten Pumpen waren aus Holz, nur einige Halterungen und der Schwenge bestanden aus Schmiedeeisen. Seit etwa 1850 gab es wesentlich langlebigere aus Gusseisen. Im Haus installierte Handpumpen fanden sich auf dem Land zunächst nur auf Gutshöfen. Erst nach und nach wurden sie auch in Bauernhäuser eingebaut.

Eine mühsame Arbeit für die Frauen war das Wasserholen vom Brunnen. Aufnahme 1912.

Einfache Brunnen und Pumpen eigneten sich aber nicht überall in Schleswig-Holstein für die Beschaffung frischen Wassers. Auf den Halligen etwa war das Grundwasser durch die Nordsee versalzen. Hier gab es stattdessen sogenannte Fethinge, künstlich angelegte Sammelbecken, in denen Regen- und Schmelzwasser aufgefangen wurde. Die Wandungen eines Fethings bestanden aus Grassoden. Von seinem Grund verlief meistens unterirdisch ein Rohr zu einem Brunnen am Haus, aus dem dann das Wasser geschöpft werden konnte. Mit der Zeit ersetzte man diese Brunnen ebenfalls durch Pumpen, was die Arbeit wesentlich erleichterte. Die Fethinge hatten erst in den 1960er Jahren ausgedient, als die Halligen an die Trinkwasserversorgung des Festlandes angeschlossen wurden.

Es liegt nahe, dass die Qualität des Trinkwassers aus Brunnen und Pumpen, aus natürlichen Gewässern oder Fethingen oft schlecht war. Immer wieder kam es zu seuchenartigen Erkrankungen, verursacht auch durch Abwasser und Fäkalien, die ungeklärt ins Freie geleitet wurden und so das Trinkwasser verunreinigten. Noch in einer 1897 veröffentlichten Schrift über „Das niedersächsische Bauernhaus und seine Gefahren in gesundheitlicher Beziehung" vermerkt der Autor resigniert: „Soll ich … erwähnen die Brunnen, die oft geradezu inmitten von Düngerhaufen und Pfützen angelegt sind oder dicht an die Viehställe grenzen! Soll ich erwähnen, dass ein großer Teil der Abwässer und Dejectionen von Menschen und Vieh oft direct in unmittelbarer Nähe dieser Brunnen hinaus befördert werden."

Mit zunehmender medizinischer Aufklärung wurde den Menschen bewusst, wie wichtig bestimmte hygienische Grundregeln waren. Einer der größten Verfechter für sauberes Trinkwasser in Schleswig-Holstein war der oberste Medizinalbeamte der Provinz, der Regierungs-Medizinalrat Dr. J. Bockendah. Eine Folge seiner beharrlichen Aufklärungsarbeit dürfte etwa eine Verfügung aus dem Jahr 1876 gewesen sein. Diese Erlass ordnete an, Brunnen eines Ortes immer dann zu untersuchen, wenn do mehrere Fälle von Cholera, Typhu Ruhr oder ähnlichen Krankheiten auftraten.

Erst mit dem Bau von Wasserwerke und der Verlegung eines verzweigte Leitungsnetzes sollte sich die Trinkwasserversorgung verbessern. Das erst Wasserwerk Schleswig-Holsteins eröffnete 1859 in Altona. Das Werk bezog sein Wasser direkt aus der Elbe: Vor de Einspeisung ins Rohrnetz wurde da Wasser mit einer Sandfiltrationsanlag gereinigt. Nach und nach führten auch die anderen größeren Städte Schleswig Holsteins eine zentrale Wasserversorgung ein. Auf dem Land begannen um 1900 erste Gemeinden mit der Errichtung von Wasserwerken und der Installation eines Leitungssystems. Der Wasserhahn in der Küche wurde für die Menschen zu einem zentralen Punkt im Haus. Oft blieb er für mehrere Jahrzehnte der einzige Wasseranschluss einer Familie. 1950 waren 48%, 1965 dann 73% und 1972 immerhin schon 81% der Schleswig-Holsteiner an ein zentrales Wassernetz angeschlossen.

**24**

### Vierrutenbarg
**Rekonstruktion**
**Aufbau 1963**

Diese einfachen, offenen Bargkonstruktionen sind einst besonders an der Westküste zu Hunderten anzutreffen. Sie dienen der Lagerung von Stroh oder Heu und dessen Schutz vor Regen und Wind. Ein Vierrutenbarg besteht aus vier senkrechten, in der Erde verankerten Pfosten von bis zu 7 m Höhe, an denen ein leichtes, an allen Seiten abgewalmtes Reetdach eingehängt ist. Mit Hebeln oder mittels vier Seilzügen lässt sich das Dach nach oben und unten verschieben, so dass der Vorrat immer gut geschützt bleibt.

## Kate aus Wilster
**Erbaut 1802**
**Kreis Steinburg**
**Wiederaufbau 1987**

**25**

1802 wird dieses Kleinbauernhaus aus der Wilstermarsch von Marten Maaß erbaut. 1896 kauft es der aus der Averfleth-Mühle stammende Heinrich Meiforth, Vater des letzten Besitzers Johannes Meiforth, der es seit dem Tod des Vaters 1921 bis 1979 nutzt. Durch dessen Informationen sind wir über das Lebens- und Arbeitsumfeld recht gut unterrichtet.

Das beinahe quadratische Gebäude ist eine Hallenkonstruktion mit durchgehender Diele. Links und rechts von ihr liegen Wohnraum, Küche, Kuhstall, Schlaf- und Milchkammer. Der verbretterte Giebel über der Eingangstür und andere Veränderungen zeigen den Zustand der zweiten Hälfte des 19. Jahrhunderts.

Milch ist die Einnahmequelle der Kleinbauern; sie wird an Kunden verkauft, auch geliefert. Der zur Bauernstelle gehörende ca. 3,5 Hektar große Grund wird großteils als Weideland für einige Kühe genutzt. Für den Eigenbedarf werden im Garten Obst und Gemüse angebaut, Hühner und Schweine gehalten. Johannes Meiforth verdient sich ab ca. 1925 noch Geld mit der Aufzucht von Ferkeln hinzu; deshalb wird zusätzlicher Stallraum angebaut.

Am alten Standort vor der Übernahme in das Museum 1978.

# 26

**Barghaus aus Arentsee**
**Erbaut 1745**
**Kreis Steinburg**
**Wiederaufbau 1963**

Das monumentale Barghaus aus Arentsee in Gulf-
konstruktionsweise (siehe Nr. 22) ähnelt dem Haubarg der Landschaft Eiderstedt (Nr. 42), hat jedoch
einen angebauten Wohnflügel. In der Wilstermarsch dient es besonders den der Milchwirtschaft
zugewandten Betrieben und nimmt die im Vierkant
vom Erdboden bis zum Hahnenbalken hochgesta-
pelten Ernte- und Futtervorräte auf. Diele, Pferde-
und Rinderställe mit Platz für bis zu 18 Kühe sowie
Wohnräume sind um den Barg angeordnet. Das
Barghaus ist mit 26 mal 28 m Grundfläche beinahe
quadratisch und misst am First 14 m. Von außen
hebt sich der gesamte Wohnteil als Kreuzhaus ab,
das vermutlich 1787 umgebaut wird.
Der Hof gehört mit 27 Hektar Land nicht zu den
reichsten Stellen, aber es ist ein stattlicher Besitz.
Man betritt das Barghaus in der Mitte der Eingangs-
front durch eine aus Wöhrden stammende Haustü-
re von ca. 1800 und gelangt in den Empfangs-, Fei-
er- und Arbeitsraum, die „Vördeel". Hier steht ein

63

Hundegöpel, wie er nicht unüblich ist, in dem ein Hund laufen muss, um das im Butterfass angebrachte Flügelkreuz zu drehen. Der Käsekeller linker Hand verweist auf die Milchverarbeitung; rechts unter der Stube (Döns) liegt noch ein zweiter Keller zur Bevorratung. Das schön geschnitzte, eichene Paneelwerk im Wohnraum stammt aus Rumfleth bei Wilster. Die weiß-blauen holländischen Wandfliesen, die biblische Geschichten erzählen, sind teils original, teils (in der Fayence-Manufaktur in Makkum) nach originaler Vorlage hergestellt. Auch der von der Küche zu bedienende Ofen (Bilegger) trägt auf den aus dem ersten Viertel des 17. Jahrhunderts stammenden Platten biblische Motive. Der Stube gegenüber am Nordwesteck des Hauses liegt die sogenannte „Sommerstube", die nicht heizbar ist und im Sommer bewohnt wird, auch zum Schlafen dient, weil sie kühl ist. Nach den Erinnerungen einer der letzten Bewohnerinnen hatte diese Stube blau gestrichene Holzpaneele und an den Wänden manganfarbene Fliesen.

Die Besitzergeschichte des Arentseer Hofes lässt sich bis in das frühe 17. Jahrhundert zurückverfolgen. Das Bild eines der Pächter, Hinrich Wenn und seiner Frau, hängt in der Döns.

Hinrich und Maria Wenr
geb. Brandt, 1890, Pächte
des Barghauses.

# 27

## Spinnkopfmühle aus Fockendorf
**Erbaut um 1850**
**Kreis Steinburg**
**Wiederaufbau 1966**

Nicht nur mächtige Holländermühlen und hohe
Bockwindmühlen prägen Mitte des 19. Jahrhunderts die Landschaft; mit der Aufgabe des Mühlen-
zwangs kommen bei uns kleinere Schwestern hinzu, die man wegen ihres kleinen Kopfes in Holland
„Spinnkopfmühlen" nennt, im Emsland „Koker-
windmühlen". Das Privileg der Müller, wonach nur
sie für das Mahlen und Schroten zuständig sein dürfen, ist Vergangenheit. Jetzt entstehen private Mühlen direkt bei den Hofstellen, die vom Typus jedoch
auf das 14./15. Jahrhundert zurückgreifen. Sie haben meist nur einen Mahlgang, sind schlank und
hoch genug, um trotz Nachbarschaft zu den Häusern Wind zu bekommen. Das Triebwerk ist im Kopf
der Mühle, Welle und Mahlsteine liegen im Unterbau. In Holland, woher der Mühlentyp stammt,

dient er als „Wippmühle" der Entwässerung: Ein unteres Kammrad betreibt dann eine lange Wasserschraube.

Auch die Mühle aus Fockendorf nahe Beidenfleth in der Wistermarsch steht dicht am Haus des Bauern Hans Witt, bis sie 1966 in das Freilichtmuseum kommt. Sein Vater, so berichtet er, hat sie 1884 in Wilster-Bischofsdeich erworben, wo sie als Senfmühle dient – sie wird also ein zweites Mal versetzt. In Fockendorf treibt sie zunächst ein Göpelwerk, später eine Schrotmühle an.

Mühle am alten Standort in Fockendorf in der Wistermarsch, um 1960.

# 28

## Haus aus Herzhorn
**„Haus Heydenreich"**
**Erbaut 1697**
**Kreis Steinburg**
**Wiederaufbau 1964**

Das imposante Hallenhaus mit Anbauten, der Heydenreich'sche Hof von der Reichen Reihe in Herzhorn, ist eines der größten und schönsten und aufgrund seiner Baugeschichte auch interessantesten Gebäude im Museum. Mit 50 ha fruchtbaren Marschlandes und der Einbindung in einen lukrativen Absatzmarkt für landwirtschaftliche Produkte sind die Vermögensverhältnisse der Hofbesitzer sehr gut, ist ihr Ansehen als freie Bauern sehr hoch und ihre Repräsentationskultur stets auf der Höhe der Zeit. 1696/97 wird das Haus von dem vermögenden Johann Jarren erbaut; des Schreibens und Rechnens kundig wird er zum Kirchspielvogt berufen und trägt dem gestiegenen Repräsentationsbedürfnis durch einen ersten Anbau 1711 Rechnung: Ein zweigeschossiges Sommerhaus mit prächtiger barocker Raumgestaltung wird dem Hallenhaus ange-

fügt. Es ist mit einer im Alltag verschlossenen „Brauttür" versehen, welche die Namen des Ehepaares
und das Datum 26. Juli 1711 trägt und wohl zum
Einzug der Braut in das Haus geöffnet wird. Allerdings sind Hochzeiten so häufig nicht und daher hat
die Tür auch andere Funktionen, etwa die einer
„Nottüre", wie aus dem Alten Land überliefert ist.
Immerhin ist in dieser „Kistenkammer" in mächtigen Truhen der wertvolle textile Besitz, Kleidung
und Schmuck, untergebracht – Schätze, die man im
Brandfall schnell retten will.

Die Witwe des 1714 verstorbenen Johann Jarren
heiratet Peter Heydenreich aus Rethwisch; deren
beider Sohn Johann übernimmt 1757 den Besitz

*Links:* Die „Kistenkammer"
mit der Brauttür. In den Truhen, den „Kisten", bewahrt
man die Aussteuer auf.
*Unten:* Der Hof Heyden-
reich von hinten mit dem
imposanten Stallteil und
dem Göpelhaus.
Beide Aufnahmen im Mu-
seum.

68

Der Heydenreichsche Hof in einer alten Aufnahme, um 1958.

und baut um: Das Fachwerk des Wohnteils wird durch einen Massivbau aus kleinen holländischen Steinen ersetzt, wie in der holsteinischen stadtbürgerlichen Architektur üblich. Modelliertes Mauerwerk und eine Rokokotür sind nun Repräsentationssymbole und im Innern schmückt eine modische Rokokomalerei das Sommerhaus. 1782 dann baut der nämliche Johann Heydenreich die Südseite des Wohnteils, wiederum in Massivbauweise, mit Küche und einer großen Stube (Grootdöns) zweigeschossig aus. Dadurch ergibt sich der jetzt sichtbare kreuzförmige Hauskörper. Die geräumige Küche ist mit blauen holländisch-westfriesischen Fliesen mit biblischen Motiven verkleidet; die Malerei in der Stube entspricht dem aristokratischen Zeitgeschmack.

Modern ist auch die anlässlich der Heirat des Hoferben Johann Heydenreich II. mit der begüterten Rebecka Piening 1810 ausgeführte letzte bauliche Veränderung: Der Umbau der Schlafstube über der großen Wohnstube zu einem mit prächtiger Stuckarbeit umgestalteten repräsentativen Wohnraum im klassizistischen Stil. Kultureller Orientierungspunkt mag das Herrenhaus des Gutes Haseldorf oder die ansehnlichen patrizischen Häuser in der Palmaille in Altona sein.

Nach dem Tod des letzten Heydenreich 1859 geht die Bedeutung dieses einst so reichen Hofes zurück.

## Göpelhaus
**Rekonstruktion**
**Aufbau 1977**

Göpelwerke in verschiedenen Formen und Konstruktionen gehören zum vorindustriellen Standard.
Sie übertragen tierische Kraft über ein Getriebe auf
Dresch- oder Häckselmaschinen und auf Schrot-
mühlen. Als Hundegöpel ist uns dieses Prinzip bereits begegnet (Nr. 26). Das große Göpelwerk neben dem Heydenreich'schen Hof ist für bis zu acht
im Kreis laufende Pferde gebaut. Bauer oder Knecht
treibt die Tiere an oder zügelt ihre Kraft. Von dem
Räderwerk führt eine Welle in den Wirtschaftsteil des Wohn-/Stallhauses, welche die Drehbewegung über Trans-
missionen auf die jeweilige Maschine überträgt. Der originale Göpel
stammt vom Hof des Klaus von
Drathen am Lühnhüser Deich;
dort hatte er sogar zwei Wellen.
Damit die Pferde im Trockenen
laufen können, ist über den Göpel
oft ein acht- oder zwölfeckiges Haus
gebaut. Im Museum ist eine Dachre-
konstruktion nach dem Vorbild des Hofes
Storjohann in Kollmar zu sehen.

# 30

## Gulfscheune aus Brokreihe
### Erbaut 1. Hälfte 19. Jahrhundert
### Kreis Steinburg
### Wiederaufbau 1990

Gulfkonstruktionen sind uns bereits begegnet. Diese Scheune stammt aus der Kremper Marsch; der Typus ist in der holsteinischen Elbmarschen sowie in Dithmarschen weit verbreitet. In Eiderstedt, dem Kerngebiet dieser Hausform, sind Gulfscheunen vorherrschend. Man nennt sie Haubargscheunen oder Bargscheunen, auch Kistenscheunen in der Kremper Marsch, weil die Gulfe dort Kisten heißen. Gulfscheunen werden vor allem als Ergänzung zu Fachhallenhäuser errichtet.

Man lädt die Erntevorräte von der seitlichen Durchfahrtsdiele ab und stapelt sie in den beiden Vierkanten „erdlastig" vom Boden in die Höhe. An einer Ecke ist die Zwischenwand höher, um mit hochbeladenen Wagen einfahren zu können.

Am originalen Standort war zuletzt eine Zwischendecke eingezogen, die im Museum rückgeführt wurde.

## Bandreißerkate aus Haseldorf
**Erbaut um 1750/1850**
**Kreis Pinneberg**
**Wiederaufbau 1997**

Wohl um die Mitte des 18. Jahrhunderts wird – vermutlich zunächst als Bauernstelle – die kleine Kate aus der Deichreihe 17 in Haseldorf als ein im Grundriss beinahe quadratischer Bau errichtet. Obgleich ab 1730 belegt erfolgt die deutliche Ausbreitung des Bandreißerhandwerks doch erst ab dem 19. Jahrhundert. Aus dieser Zeit stammen auch die verschiedenen Umbauten am Haus, die vielleicht aufgrund des größeren Platzbedarfs zur Ausübung des Handwerks getätigt werden: Rückwärtig zum Deich hin wird das Gebäude um einen Meter verlängert und erhält einen im oberen Teil verbretterten Steilgiebel. Und die rechte innere Ständerreihe, die Diele und Stall trennt, wird um einen knappen Meter nach innen versetzt, um mehr Arbeitsraum für eine breitere Werkstatt zu haben. Im 20. Jahrhundert werden u. a. die rechte Außenwand und die rechte Giebelseite erneuert. Wir zeigen das Haus im Zustand von ca. 1920.

Bandreißer fertigen aus dünnen, geschnittenen Hölzern – zumeist von Weiden – Reifen für Fässer, die

Auf der Küchenseite vor dem Haus, um 1940.

Die Kate am alten Standort in Haseldorf, um 1960.

bis Mitte des 20. Jahrhunderts als Verpackungs- und Transportbehältnisse dienen. Früher haben dies die fassherstellenden Böttcher selbst erledigt, aber der große Bedarf an Fässern führt zur Spezialisierung im Handwerk.

Die Feuchtgebiete der Niederelbe eignen sich für dieses neue Handwerk gut, denn die Weidenkulturen haben hier ideale Wachstumsbedingungen. Die im beginnenden 20. Jahrhundert bestehenden rund 130 Betriebe allein der Haseldorfer Marsch liefern Fassreifen in die benachbarten Baumschulgebiete, nach Hamburg und Skandinavien.

Bandreißer bei der Arbeit 2004 im Museum.

Die Familie Timm bewohnt das Haus während der letzten 100 Jahre und betreibt dort das Bandreißerhandwerk. Der letzte Besitzer, Hans Timm, arbeitet noch bis nach dem Zweiten Weltkrieg als Bandreißer. Nach 1950 führt das Aufkommen anderer Verpackungsmaterialien zum Niedergang des Handwerks. 1978 wird das Gebäude für das Museum gerettet und noch heute kommen Bandreißer aus Haseldorf, um den Besuchern ihr Handwerk zu zeigen.

## Stellmacherei aus Elmshorn
**Rekonstruktion des Zustands von 1890**
**Kreis Pinneberg**
**Aufbau 1984**

Johann Heinrich Thormählen, Stellmachermeister seines Zeichens, erwirbt 1890 Grundstück, Wohnhaus und Werkstatt eines Malers am Sandberg, am westlichen Ortsrand vom Elmshorn gelegen. Thormählen wird 1861 als Sohn eines Dorfschmieds in Elmshorn geboren, erlernt das Stellmacherhandwerk und sammelt als Geselle Erfahrungen auf der damals obligaten Wanderschaft, die ihn über Altona, Bremen, Köln, Basel, Luzern, Zürich, Innsbruck nach Chemnitz führt. Dort erhält er eine 2½-jährige Ausbildung als Kastenmacher und als Karosseriebauer. Weiter über Dresden, Leipzig, Goslar, Hannover, Berlin und Lübeck findet er eine Anstellung in der renommierten Wagenfabrik Hörcher & Co. für Kutschen und Prunkwagen in Hamburg, bis er sich als erfahrener und kenntnisreicher Handwerker im erwähnten Elmshorn 1890

Die Werkstatt des Stellmachers am alten Standort um 1950.

als Meister selbstständig macht. 1928 übernimmt sein Sohn Johannes Hermann die Werkstatt, doch Vater und Sohn arbeiten noch eine Reihe von Jahren gemeinsam. Nach dem Zweiten Weltkrieg kommt das Stellmacherhandwerk langsam zum Erliegen; 1977 wird der Betrieb aufgegeben – Ergebnis eines langen Strukturwandels, weg von der handwerklichen Herstellung zur maschinellen Produktion.

Die original eingerichtete Werkstatt enthält die gebräuchlichsten Geräte und Maschinen, die der Handwerker braucht. Bandsäge und Drehbank werden von einer Windturbine aus Sommerland in der Kremper Marsch angetrieben, die vor dem Ersten Weltkrieg ein Gasmotor und nach 1918 ein Elektromotor ersetzt. Die Werkstatt ist ein Nachbau der Stellmacherei aus Elmshorn.

Die Stellmacherei in Elmshorn, um 1979.

# 33

## Windturbine aus Sommerland
**Erbaut 1893**
**Kreis Steinburg**
**Wiederaufbau 1985**

Von der Schmiede des J. F. Schröder in Dückermühle in der Kremper Marsch stammt diese nicht fabrikmäßig hergestellte Windturbine. Sie hat eine Windrose zum Drehen des Rades in den Wind. Die Lamellen des Rades sind verstellbar. Noch zu Beginn des letzten Jahrhunderts sind in manchen Werkstätten auf dem Land derartige Windräder zum Antrieb von Maschinen üblich.

## Reeperbahn aus Glückstadt
**Erbaut 1812**
**Kreis Steinburg**
**Wiederaufbau 1985**

Reeperbahnen sind Werkstätten, in denen Handwerker – die „Reepschläger" (Reep = nddt. Seil) – vorwiegend aus Hanf alle Arten von Seilen, von Tauwerk, herstellen. Dabei werden verschiedene Garnstränge mit Hilfe einer Mechanik zu Seilen zusammengedreht.

Im Norden sind Reeperbahnen in vielen Hafenstädten zu finden, weil man dort besonders langes Tauwerk für die Schifffahrt benötigt.

Diese Werkstätten sind einfach konstruiert: in der Regel haben sie ein Kopfgebäude für Werkzeug und Material. Sonst hat man bei trockenem Wetter im Freien gearbeitet. Andreas Reinhardt hat den Betrieb 1812 in Glückstadt begründet und die Werkstatt gebaut; sein Sohn überdacht die Bahn 1863 auf 80 m Länge, um witterungsunabhängig arbeiten zu können. Beim Bau der Überdachung hilft die Glückstadter Zuckerfabrik mit, denn für sie stellt der Betrieb dünne Garne her. Die Fabrik stellt die Bretter der Transportkisten von Zuckerrohr – wertvolles Mahagoniholz – für die Verbretterung der Rückwand der Reeperbahn zur Verfügung.

Die Reeperbahn ist im originalen Zustand vom Ende des 19. Jahrhunderts im Museum wieder aufgebaut. Der 1890 erfolgte Ausbau des Dachraums des Kopfgebäudes, der Platz für die Lagerung des Hanfes für die Seilherstellung schafft, ist nicht berücksichtigt.

Bis 1969 bleibt der Betrieb im Besitz der Familie Reinhardt.

Die Reeperbahn in Glückstadt im letzten Zustand mit einem ausgebauten Dachraum im Kopfgebäude. Aufnahme um 1969.

## Eine gute Nacht?

Viele unserer Vorfahren hatten einfachste Schlafplätze. Vor allem die Angehörigen der mittellosen ländlichen Unterschichten und oft auch die Kinder verbrachten ihre Nächte unter heute nur schwer vorstellbaren Bedingungen. Der Wunsch einer „guten Nacht" blieb daher oft unerfüllt. Und längst nicht alle Menschen hatten ein eigenes Bett. Stattdessen mussten sie sich mit einem Strohlager im Stall, auf dem Boden oder in der Scheune zufrieden geben.

Als „richtige Betten" waren im ländlichen Schleswig-Holstein bis ins 19. Jahrhundert Alkoven am gebräuchlichsten. Das sind wandfest eingebaute Schrankbetten, die sich mit Türen oder Vorhängen verschließen lassen. Vereinzelt soll es Alkoven, die Schutz vor Zugluft und Kälte boten, in norddeutschen Bauernhäusern schon im Spätmittelalter (14. bis 15. Jahrhundert) gegeben haben. Als Vorbild dienten vermutlich Schlafstätten auf Schiffen. Die Bezeichnung leitet sich ab vom arabischen al-qobbah, was so viel wie Zelt, Gewölbe oder Gemach bedeutet bzw. vom spanischen alcoba = Schlafgemach. Ein anderer häufig benutzter Name war Butze oder Butzenbett. Im Plattdeutschen hießen die Betten umgangssprachlich „inmaakte Betten" (= eingemachte Betten).

Sie waren in der Döns, in der Küche, auf der Diele, im Pesel oder sogar im Stall untergebracht. Im verschlossenen Zustand hielten sie wenigstens teilweise Zugluft und Kälte sowie den Rauch der offenen Feuerstellen ab. Spezielle Schlafzimmer, wie sie heute üblich sind, gab es noch nicht. Die Schrankbetten standen einzeln in Nischen, zu zweit oder sogar zu dritt hintereinander und

Wandbetten im Haubarg aus Witzwort in Eiderstedt (Nr. 42) am Originalstandort.

Alkoven im Haus Storm (Nr. 8). Zustand im Museum.

ergaben dann im geschlossenen Zustand eine einheitliche Wand. Im Pesel und in der Döns waren sie bei entsprechendem Geldbeutel des Hausbesitzers oft als aufwändiges Paneel mit geschwungenen, kassettierten oder bemalten Türen gestaltet. Ein Bettkasten war etwa 160 bis 170 cm lang, 100 cm tief und bis zu 250 cm hoch.

Verglichen mit den heutigen Standardmaßen fällt auf, wie kurz die Betten früher waren. Wie konnte man darin überhaupt bequem schlafen? Eine Begründung ist in der Regel schnell gefunden: Die Menschen waren früher eben kleiner. Das stimmt zwar, aber dabei handelt es sich lediglich durchschnittlich um fünf bis sechs Zentimeter. Viel plausibler ist die Erklärung, dass man früher üblicherweise mit angezogenen Beinen halb sitzend schlief, abgestützt von einem oder mehreren Kissen. Und je kleiner die Bettkästen waren, desto besser hielt sich in ihnen die Wärme seiner Schläfer.

Die Ausstattung eines Bettes war abhängig vom Einkommen des Besitzers bzw. Benutzers und fiel daher unterschiedlich aus. Als Unterlage diente meistens ein mit Stroh gefüllter Sack aus grobem Leinen, der auf quer liegenden Brettern oder Latten lag. Auf den Sack kam ein mit Federn gefülltes Unterbett aus dichtem rauhen Tuch, darüber ein Leinenlaken. Kissen und Oberbetten bestanden ebenfalls aus Leinen, mal rauher, mal feiner, gefüllt waren sie meistens mit Gänsefedern. Im ausgehenden 19. Jahrhundert bezog man die Betten in wohlhabenden Haushalten anstelle des Leinens immer häufiger mit feinem Baumwolldamast. Und wer es sich leisten konnte, tauschte außerdem die Strohsäcke durch Matratzen aus, die seit etwa 1900 verkauft wurden. Sie waren mit Seegras, später mit Rosshaar gefüllt.

Die soziale Stellung der einzelnen Haushaltsmitglieder spiegelte sich unter anderem auch an ihren Schlafplätzen wider. Die Betten in der Döns und im Pesel waren dem Bauern und seinen engsten Familienangehörigen vorbehalten. Gab es auf dem Hof Gesinde, schlief es meistens auf der Diele, in der Küche oder im Stall. Häufig nächtigten mehrere Personen getrennt nach Ge-

Kammer im Haus Heydenreich (Nr. 28) mit Einzelbett um 1900.

schlecht in den Alkoven. So mussten sich etwa zwei Mägde oder zwei Knechte einen Schlafplatz teilen. Auch Kinder schliefen selten allein, sondern zusammen mit Eltern, Geschwistern oder Großeltern. Im Winter profitierte man dann von der Körperwärme seines Bettnachbarn.

Man teilte nicht nur die Schlafplätze, sondern auch Läuse und Flöhe, Körpergeruch sowie ansteckende Krankheiten. Die Alkoven waren nicht nur eng, muffig und voll von Ungeziefer, sondern überdies auch noch feucht. Franz Rehbein, der sich in den beiden letzten Jahrzehnten des 19. Jahrhunderts in verschiedenen Gegenden Schleswig-Holsteins vom Hütejungen bis zum Landarbeiter „hocharbeitete" und dabei auch Alkoven als Schlafplätze kennenlernte, liefert dazu eine eindrucksvolle Beschreibung:

„Wer erst drin ist, ist geborgen, herausfallen kann er nicht. Schade nur, daß das Bettzeug in diesen licht- und luftarmen Höhlungen fast immer feucht und klumpig ist. Sonst aber haben die Bettkästen ihre nicht zu leugnenden Vorteile: Einmal schläft man darin schön versteckt wie ein Murmeltier; dann braucht das Bettzeug nicht so oft gewaschen zu werden, weil's bei Tage ja doch niemand anders zu sehen bekommt wie die Hausfrau oder Deern, und schließlich bildet solcher Kasten mit dem vielen Stroh darin eine geradezu ideale Niststätte für Mäuse, die immer dafür sorgen, daß man morgens nicht die Zeit verschläft."

Meistens nutzte man die ersten sonnigen Tage im Frühling, um Kissen und Decken auf der Leine zu trocknen. Aber längst nicht in allen Haushalten wurde regelmäßig das Bettstroh ausgewechselt oder gar ab und zu die Daunenfüllung von Decken und Kissen gereinigt bzw. erneuert. Auch die Bettwäsche wurde, wie es Rehbein andeutet, oft in nur großen Abständen gewaschen oder ausgewechselt. Schmutzige Betten und verfaultes Bettstroh waren also nicht ungewöhnlich.

Seit der zweiten Hälfte des 19. Jahrhunderts prangerten daher viele Mediziner die mangelnde Hygiene der Alkoven auf dem Land scharf an. Sie empfahlen „moderne" Stellbetten, die leicht zu beziehen und gut zu lüften waren. Alkoven wurden spätestens gegen Ende des Jahrhunderts endgültig als rückständig und als „Arme-Leute-Phänomen" angesehen und möglichst durch „moderne" Stellbetten ersetzt, die sich dank einfacher Einhängevorrichtungen schnell und problemlos an jedem Platz aufbauen ließen. Außerdem schlief man immer häufiger in einem von den anderen Wohnbereichen getrennten Raum. So ließ dieser sich besser lüften und sauber halten. Die Schlafräume lassen sich nicht mit heutigen vergleichen. Sie waren ungeheizt und oft nicht mehr als eine einfache Kammer neben der Diele.

Aber nicht nur das neue Hygienebewusstsein führte damals zum Wandel, sondern auch eine veränderte Moralvorstellung. Der Schlafbereich, viele Jahrhunderte unbefangen mit anderen Lebensbereichen vermischt, wurde zur Privatsphäre. So entstand auch das gemeinschaftliche Schlafzimmer der Eheleute. Im besten Falle war es mit einem Ehebett, zwei Nachttischen, einem Waschtisch und einem Kleiderschrank ausgestattet, geschmückt mit einem typischen Schlafzimmerbild. Die ärmere Bevölkerung konnte sich allerdings keine gesonderten Schlafzimmer und die dazugehörigen Möbel leisten und musste daher gezwungenermaßen länger an den Alkoven festhalten.

Für das Gesinde, besonders aber für Mägde, wurden wegen der „Moral" schon vor 1850 eigene Schlafkammern propagiert. Die Realität sah aber oft anders aus. Dazu noch einmal Franz Rehbein, der über Mägde in Dithmarschen zum Ende des 19. Jahrhunderts schreibt: „Nicht selten war ihre Bettstatt in einem finstferen Winkel unter der Bodentreppe aufgeschlagen, zu kurz um sich darin auszustrecken zu können und im Winter so kalt wie ein Hundestall. Da konnten sich solche Mädchen dann frierend und zitternd vor Kälte auf den Steinfliesen ausziehen und mußten froh sein, wenn sie erst glücklich in das Verließ hineingekrochen waren, ohne sich Kopf und Glieder zu stoßen; ganz abgesehen davon, daß sie schutzlos allerhand Zudringlichkeiten preisgegeben waren… Wo die Mädchen derart untergebracht waren, hieß es dann allgemein: De Deerns schlapt in den Höll."

Ein „modernes" Schlafzimmer mit Doppelbett und typischem Wandschmuck, um 1900 (in Haus Nr. 58).

## Haus aus Teschendorf
**Erbaut 1746**
**Kreis Ostholstein**
**Wiederaufbau 1967**

## 35

Fehmarn hat eine wechselvolle Geschichte und viele Eigenheiten. Jahrhundertelang gehört diese dritt-
größte deutsche Insel als Krongut zum Königreich
Dänemark, wird erbliches Lehen der Schauenburg-
Holsteiner Grafen, kommt auf dem Erbweg zum
Herzogtum Schleswig, ist eine Zeit lang an die Han-
sestadt Lübeck verpfändet, wird preußisch und gehört schließlich ab 1871 mit der Gründung des
Deutschen Reichs zum deutschen Herrschaftsge-
biet. Die Fehmaraner Bauern und Bürger waren
stets frei mit eigener Verwaltung. Das erinnert an die
Verhältnisse in Dithmarschen und vielleicht rührt
daher die Sage, dass die Fehmaraner einst von Dithmarschen herübergekommen seien.
Die guten Böden und das milde Klima auf Fehmarn
lassen den Ackerbau ergiebig sein: Getreide, Rüben, Kohl, später Raps werden hier angebaut und
bringen stattliche Erträge. Der Wald wird im Mittelalter gerodet; die Holzgefüge der Häuser haben
deshalb dünne Querschnitte. Hallenhäuser als
Durchfahrtshäuser wie im Lauenburgischen und

Holsteinischen sind es allenthalben, mit dem üblichen großen Eingangstor an der Straßenseite und einer rückwärtigen Türe. Aber die durchführende Diele ist hier geteilt: in den eigentlichen Dielenraum, Platz für viele Arbeiten, und in die dahinter liegende Stube, den Saal, der zum Garten geht. Eine fast durchgehende Fensterfront macht den Raum hell. Dieser Saal ist hoch, denn die Decke liegt auf der Höhe des Hauptbalkens des Holzgefüges; die links und rechts angeordneten Stuben und Kammern bleiben niedrig. Der Raum über den Decken der Stuben und Kammern (die „Hillen") wird zum Einlagern des Korns genutzt und ist zum Saal hin mit Wänden verkleidet. Die straßenseitig gelegenen Räume links und rechts der Diele können auch als Ställe genutzt sein.

In unserem Wohnhaus, das über dem Türbalken mit 1746 datiert, sind hier Kammern, Schrankbetten, Waschküche und Küche untergebracht. Wohnhaus, Scheune und Backhaus bilden zusammen eine Hofanlage – die letzte vollständige auf Fehmarn; alle Gebäude stammen vom Hof Bockwoldt aus Teschendorf. Interessante Details am Wohnhaus sind die großen bleiverglasten Fenster an der Rückseite, die jetzt zur Straße weist, und das aus Blieschendorf auf Fehmarn übernommene und hier in eine Kammer eingebaute barocke Paneel mit großfigürlichen Malereien. Es zeigt in blauen Tönen innerhalb grüner, von Rocaillen gestalteter Rahmung die vier Jahreszeiten, die nach Vorlagen des französischen Malers Nicolas Lancret geschaffen sind. Unser unbekannter Maler auf Fehmarn bemalte weiter die Decke und auch die Betten mit Liebesszenen nach Kompositionen des Venezianers Jacopo Amigoni.

Die Hofanlage aus Teschendorf auf Fehmarn, um 1960.

## Scheune aus Teschendorf
**Erbaut um 1760**
**Kreis Ostholstein**
**Wiederaufbau 1973**

**36**

Das Scheunen- und Stallgebäude mit einer Grundfläche von knapp 400 qm stammt vom gleichen Hof wie das Wohnhaus. Es beherbergt Kühe und Pferde, Schweine und Kleinvieh, Vorrat, Wagen und Geräte. Das Wohnhaus ist damit von der üblichen Unterbringung landwirtschaftlicher Bereiche entlastet. Schwach sind die Ständer und Balken der Scheune; aber drei Ständerreihen unterfangen die Deckenbalken und machen das Gefüge stabiler. Im jetzt rückwärtigen Giebel, der ursprünglich an der Straße lag, ist die Torseite zurückgesetzt. Den überdachten dreieckigen offenen Raum nennt man „Abraham".

## Taubenhaus aus Dänschendorf
**Erbaut 1. Hälfte 19. Jahrhundert**
**Kreis Ostholstein**
**Wiederaufbau 1967**

**37**

Mit einer gewissen Selbstverständlichkeit finden wir auf Fehman auf hohen Pfählen angebrachte Taubenhäuser. Die Wohn- und Brutkästen für diese Haustiere sind individuell gestaltet und schützen die Bewohner vor Ratten, Katzen und anderen Tieren.

**38**

### Backhaus aus Teschendorf
**Erbaut 1742**
**Kreis Ostholstein**
**Wiederaufbau 1967**

Wie Wohnhaus und Scheunen-/Stallgebäude stammt das Backhaus vom Hof Bockwoldt aus Teschendorf. Es steht dort aber erst seit ca. 1800, weil es damals von der Mackeprang'schen Hofstelle in Mummendorf nach Teschendorf versetzt wird. Backhäuser sind Zweckbauten; das kleine Gebäude ist daher schlicht und hat zur Minderung der Brandgefahr ein Hartdach aus Ziegeln. Backhäuser lösen an manchen Stellen den jahrhundertelangen Gebrauch des Backofens im Haus ab und verlagern das Brotbacken nach draußen. Um 1800 kommt auf nur jedes 17. Wohnhaus auf Fehmarn ein eigenes Backhäuschen.

Das Backhaus am alten Standort, um 1960.

## Licht im Dunkel

Eine schummrige Diele, in der die Hausbewohner an der offenen Herdstelle zusammensitzen, dazu eine Öllampe oder Kerze auf dem Tisch: Dieses Bild, das auf den ersten Blick sehr idyllisch wirken mag, hatte einen eher „düsteren" Hintergrund: Licht war teuer, deshalb ging man in den meisten Haushalten sparsam mit ihm um. Auch war die Leuchtkraft historischer Beleuchtungsquellen nicht besonders groß. Daher lag das Innere der Häuser während der langen Wintermonate, Abende und Nächte, aber auch an trüben Tagen allenfalls in einem fahlen Dämmerlicht. Und nachts, wenn alles Licht gelöscht war, herrschte bei Neumond oder bedecktem Himmel sogar völlige Dunkelheit. Kein Wunder also, dass man oft mit den „Hühnern zu Bett" ging.

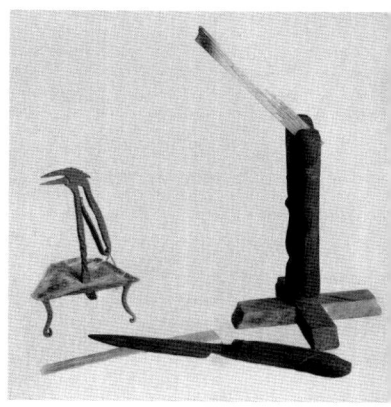

Zwei Tischhalter für Kienspäne, links aus Eisen in Vogelkopfform, rechts aus gedrechseltem Holz, beide erste Hälfte 19. Jh. Vorne ein Messer für die Kienspanherstellung, wohl 18. Jh. (Sammlung der Provinzial-Versicherungen).

Gleichwohl gab es früher eine ganze Anzahl unterschiedlicher Leuchten und Lampen. Sie waren aus Holz oder Metall, schlicht oder aufwändig gearbeitet, geschlossen oder offen, rund oder eckig. Man konnte sie aufstellen, an die Wand oder an die Decke hängen oder als Laterne mit in den Stall und nach draußen nehmen. Trotz dieser vielfältigen Formen war die Auswahl der Brennstoffe selbst sehr begrenzt.

Die einfachsten und günstigsten Leuchten waren Kienspäne aus harzreichem Holz, etwa von Fichten oder Kiefern. Sie wurden oft im Herbst in größeren Mengen auf Vorrat hergestellt. Je nach Bedarf schnitt man die Kienspäne unterschiedlich groß zu, sie waren zwischen zwei und fünf Zentimeter breit und bis zu 30 Zentimeter lang. Abhängig von Größe und Holzart brannten die Späne zwischen drei und zehn Minuten. Um die ohnehin kleine und stark qualmende Flamme nicht durch Asche zu ersticken, mussten die abgebrannten Holzteile regelmäßig entfernt werden. Die Kienspäne wurden in einen Halter gesteckt oder einfach in der Hand gehalten. Es gab Kienspanhalter für den Fußboden, für den Tisch oder zum Aufhängen an Wand und Decke. Diese Beleuchtung gab es in Norddeutschland bis ins 19. Jahrhundert, allerdings nur dort, wo harzreiches Holz vorhanden war. In den Marschen auf den Inseln und Halligen an der Westküste wurden sie nur selten oder gar nicht benutzt.

Weitere unverzichtbare Leuchtmittel in Schleswig-Holstein waren Öl- oder Tranlampen. Der Brennstoff, der ständig nachgefüllt werden musste, wurde in einen Behälter gefüllt und mit einem Docht zum Brennen gebracht. Der Behälter lag höher oder auf gleicher Höhe mit dem Docht, weil sich der zähflüssige Brennstoff sonst nicht aufsaugen ließ. Die Dochte bestanden aus Flachs, Wolle, Hanf oder Binsenmark. Die gebräuchlichste Öllampe, die nahezu unverändert bis ins 19. Jahrhundert verwendet wurde, war der „Krüsel", ein flaches Schälchen aus Eisen, mit Haken um Aufhängen und einer schnauzenförmigen Auskragung für den Docht. Gespeist wurde der Krüsel mit Öl aus verschiedenen Pflanzen, zum Beispiel mit Leinöl oder Öl von Rüpsen, einer dem Raps verwandten Pflanze.

Tran gewann man aus dem Fett von Walen, die – für uns heute fast unvorstellbar – eigens dafür besonders im 17. und im 18. Jahrhundert zu Hunderttausenden erlegt wurden. „Tranfunzeln" beleuchteten ihre Umgebung nur mäßig, sie flakerten, rußten und waren ständig kurz vorm Erlöschen. Die heute noch verwendete Beleidigung „Tranfunzel" meint dementsprechend einen langsamen Menschen mit begrenzter Auffasungsgabe.

Auch Kerzen brachten ein wenig Licht ins Dunkel von Dielen, Kammern und Ställen. Am gängigsten waren selbstgemachte Kerzen aus Unschlitt oder Talg. Unschlitt war ungereinigtes Fett aus den Bauchhöhlen geschlachteter Rinder, Schafe oder Schweine. Durch Ausschmelzen der Verunreinigungen gewann man als reines Fett den Talg. Für die Kerzenherstellung füllte man Unschlitt oder Talg in einen Trog, erhitzte ihn und „stippte" an einem Stab oder an einem Halter befestigte Dochte hinein. Danach ließ man die Masse, die an den Dochten hängenblieb, abkühlen und wiederholte den Vorgang so lange, bis sich die Kerzenform gebildet hatte. Daneben gab es auch Gussformen zur Herstellung. Die Kerzen, vor allem die aus Unschlitt, leuchteten nur trübe, knisterten, rußten und rochen unangenehm. Kerzen aus Bienenwachs waren erheblich teurer und wurden daher nur zu besonderen Anlässen verwendet, vorausgesetzt man konnte sie bezahlen. Heller und gleichmäßiger als Kerzen aus Talg oder Bienenwachs brannten Stearin- und Paraffinkerzen. Stearin, das aus Palmöl gewonnen wird, gab es seit etwa 1830. Paraffin, ein Produkt aus Braunkohle und Erdöl, war seit 1850 erhältlich. Trotzdem wurden selbstgestippte

Öl- und Tranlampen, 18. Jh. *Links:* offene Lampe für Fett, wohl Waltran. *Mitte hinten und rechts*: Zwei Standkrüsel aus Eisenblech und Zinn. *Mitte vorn:* Schneckengehäuse als Öllampe von Amrum. *Vorne rechts:* Kleine oben geschlossene Lampe für Öl aus Eisen (Sammlung der Provinzial-Versicherungen).

87

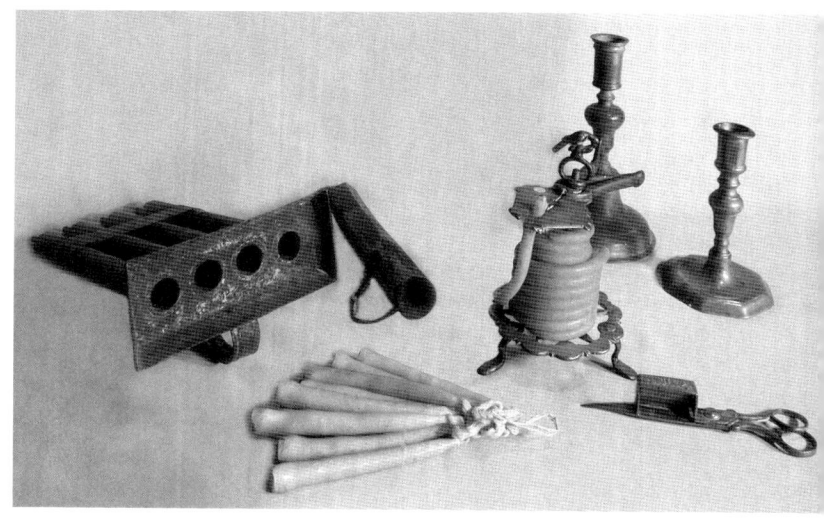

*Links:* Gussform aus Eisenblech für 4 Kerzen, Ende 19. Jh. Daneben hölzerne Form für einzelne Kerze, 19. Jh. *Vorn:* Kerzen aus Rindertalg. *Rechts hinten:* Kerzenleuchter aus Zinn, 18. Jh., und aus Messing, 17. Jh. *Mitte rechts:* Wachsstockhalter, Messing, 19. Jh. *Vorne rechts:* Dochtschere, Messing, 1. Hälfte 19. Jh. (Sammlung der Provinzial-Versicherungen).

Kerzen auf dem Land auch weiterhin benutzt, weil sie günstiger waren.

Der Siegeszug des Petroleums datiert in Schleswig-Holstein auf die 1860er Jahre. Der neue Lampenbrennstoff aus Erdöl war um 1850 in Amerika entwickelt worden. Petroleum brannte viel heller als Öl, Tran oder Kerzen. Außerdem stieg er wegen seines geringen Gewichts im Docht leichter nach oben. Dementsprechend wurden die Brennstoffbehälter unterhalb des Dochtes platziert, und infolgedessen entwickelte sich die typische Lampenform. Nun konnte, wie es 1859 ein Autor in den Itzehoer Nachrichten verkündete, das „beispiellos Trübselige einer gewöhnlichen Tranlampe oder eines dünnen gezogenen Lichtes … auch auf dem Land aus den kleinsten Wohnungen verschwinden und einem freundlichen, ruhigen und gleichmäßig weißen Licht Platz machen." Die „faulen Dunkelstunden" würde es bald nicht mehr geben, und die Zeit des Arbeitens und Geldverdienens könnte, „wo es nötig, um die Hälfte verlängert werden." Und schließlich zögen „Ordnung und

Reinlichkeit an Geräten und Personen entschiedener ein …, wenn bei einem hellen Lichtstrahl das Auge alles Verborgene entdecken kann."

Eine weitere etwa zeitgleiche Neuerung war die Gasbeleuchtung. Erste Gaslaternen leuchteten zum Beispiel 1857 in Schleswig. Es gab sie auch in wohlhabenden Wohnhäusern, auf dem Land hatten sie allerdings zunächst keine große Bedeutung.

Die Geschichte des elektrischen Lichts begann 1881. Damals wurde der erstaunten Öffentlichkeit auf der Pariser Weltausstellung erstmals eine marktfähige Glühbirne präsentiert. In Schleswig-Holstein eröffneten die ersten Stromwerke 1894 in Flensburg und 1901 in Kiel. Bis zur Verlegung erster elektrischer Leitungen auf dem Land dauerte es aber noch bis in die 1920er Jahre, viele abgelegene Orte mussten noch erheblich länger auf die Versorgung mit Strom warten. Es war für die Menschen geradezu ein Wunder, wenn sie ihr Zuhause erstmals auf Knopfdruck elektrisch beleuchten konnten.

# 39

## Fischerhaus aus Gothmund
**Erbaut 18. Jahrhundert**
**Stadt Lübeck**
**Wiederaufbau 1968**

An den Küsten Schleswig-Holsteins leben die Menschen naturgemäß vom Fischfang und in einigen Gegenden entstehen Siedlungen mit gleichartiger Bebauung, die Fischerdörfer. In der Lübecker Bucht geht ein Teil der Dörfer auf Gründungen der Stadt Lübeck zurück; dies gilt auch für das einstige Fischerdorf Gothmund an der Untertrave, das schon um 1500 erwähnt wird.

20 Häuschen, davon eine Gastwirtschaft und ein Krämer, sind dort nebeneinander am Weg aufgereiht. Die Fischer haben nur wenige Schritte zu den Kähnen, die am Traveufer zwischen Schilf und Binsen vertäut sind. Sie sind spezialisiert auf Aalfang. 1893 fallen neun Gebäude einem Brand zum Opfer; unser Haus im Museum, das zu den Übriggebliebenen gehört, ist die ehemalige Nummer 19. Es hat einen großen Raum, in dem, mit dem Rundbogenherd verbunden, ein Kessel für das Lohen des Netzwerks steht: Um die Netze und auch Segel haltbarer zu machen, werden sie darin in einem

Sud aus Wasser und Pflanzengerbstoffen behandelt. Dadurch erhalten sie die typische rote Farbe.

Eine Stube und zwei Kammern reichen zum Wohnen. Am Ende der Diele führt eine Tür nach draußen zu einem überdachten Platz, wo im Trockenen die Netze

geknüpft und anderes Fanggerät vorbereitet werden, man am Feierabend auch gut sitzen kann. Durch den laubenbildenden Dachüberstand wird der Hausquerschnitt asymmetrisch. Im Museum ist das Haus in seine ältere Form zurückgeführt – ohne Schornstein, den es zuletzt hat und ohne die nach einer Sturmflut 1872 aufgemauerte Backsteinwand an der Wasserseite, die jetzt wieder, wie an der Hangseite, aus Fachwerk gebaut ist.

*Oben:* Am alten Standort, um 1965.
*Unten:* Ensemble aus Gothmunder Fischerhaus, Stall- und Räucherhaus mit Fischerhütte von Bornhöveder See im Museum.

# 40

## Stall- und Räucherhaus
**Rekonstruktion**
**Aufbau 1975**

Nicht ausschließlich von Fisch leben die Gothmunder Fischerfamilien. Daher stehen wasserseitig vor den Häusern Ställe für Kleinvieh oder Schweine. Unser Stall- und Räucherhaus ist eine Rekonstruktion nach in Resten vorhandenen Bauten in Gothmund. An den Stall ist ein Ofen angemauert, der vornehmlich zum Räuchern von Aalen dient. Im Dachraum des Häuschens lagert das Brennholz dafür.

# 41

## Fischerhütte vom Bornhöveder See
**Erbaut um 1740**
**Kreis Segeberg**
**Wiederaufbau 1971**

Aus Bornhöved auf der Landzunge zwischen Bornhöveder See und Schmalensee stammt diese kleine Fischerhütte. Seit Generationen wird sie von der Familie Christophersen zum Unterstellen von Fischereigerät und während der Fangsaison auch als

...amilie eines Gothmunder ...ischers, um 1910.

Schlafraum für die Fischer genutzt. Nur aus einem von der Zugangstür belichteten Raum besteht sie. Das reetgedeckte Dach reicht auf einer Seite bis zum Boden; die Wände sind aus Lehm mit eingefügten, zerschlagenen Feldsteinen gebaut. Im Innern findet sich keine Kochstelle, man wird also im Freien vor der Hütte gekocht haben.

## Wie man sich eingerichtet hat

In den Häusern des Freilichtmuseums finden sich Möbel aus mehreren Jahrhunderten. Sie sind einfach oder aufwändig, aus hiesigem oder importiertem Holz, farbig gefasst oder unbemalt, per Hand oder in der Fabrik angefertigt. Neben dem Zeitgeist und den Modeströmungen der verschiedenen Epochen bestimmte auch der soziale Status der jeweiligen Eigentümer das Aussehen der Einrichtungsgegenstände. Es liegt auf der Hand, dass die Unterkunft eines Landarbeiters wesentlich bescheidener eingerichtet war, als das Haus eines wohlhabenden Bauern. Möbel waren immer auch Prestigeobjekte. Große Schränke und reich beschnitzte oder mit Intarsien versehene Truhen demonstrierten nicht nur nachhaltig den Reichtum, sondern innerhalb der Dorfgemeinschaft auch die gesellschaftliche Position ihrer Besitzer.

Regionale Unterschiede prägten ebenfalls lange die Gestaltung von Möbeln. Bis ins 19. Jahrhundert kam es zur Herausbildung regelrechter „Stubenlandschaften". Zwei Beispiele: Der Wohnstil der Eiderstedter Großbauern, die besonders zwischen dem 16. und 18. Jahrhundert durch Getreide- und Käseexport reich wurden, war unverkennbar durch bürgerliche Einflüsse aus Hamburg und den Niederlanden geprägt. Schließlich unterhielten die Eiderstedter wirtschaftliche Kontakte dorthin. Außerdem lebten auf Eiderstedt eingewanderte Holländer. In den Dörfern der ostholsteinischen Güterdistrikte dagegen waren bis zur Aufhebung der Leibeigenschaft

im Jahr 1805 und auch noch danac[h] eher einfache Möbel üblich. Für kos[t]spieligere Einrichtungen fehlte das Gel[d.] Möbel wurden hauptsächlich von Zim[-]merleuten und Kistenmachern, Schnit[z]kern oder Tischlern hergestellt. Nebe[n] zünftigen Werkstätten in den Städte[n] gab es viele dörfliche Tischlereien, di[e] Möbel anfertigten und reparierten. Di[e] Handwerker prägten entscheidend da[s] Aussehen der Einrichtungsgegenständ[e] in ihrer Heimatregion. Gesellen größe[-] rer Werkstätten hatten während ihre[r] Wanderjahre in Städten oder sogar i[m] Ausland gearbeitet und brachten vo[n] dort Ideen und Musterbücher für die Ge[-] staltung mit. Gerne „guckten" sich Zim[-] merleute und Tischler auch Stilmerk[-] male von den „Großen" ihrer Zunft a[b.] Bekannte Möbelhersteller waren zu[m] Beispiel der Flensburger Bildschnitze[r] Heinrich Ringerink und dessen Soh[n] Johann, die im 17. Jahrhundert für wo[hl] habende Auftraggeber im Landeste[il] Schleswig kostbare Möbel anfertigte[n] und deren Ruf weit über die Lande[s] grenzen hinausging.

Repräsentation durch reiche Möbelkultur: Hamburger Schapp in der Diele des Hauses Schmielau aus Dithmarschen (Haus Nr. 20).

Die älteren schleswig-holsteinischen Möbel waren überwiegend wandfest in Paneelwände integriert oder fest in Nischen eingebaut. Genau genommen ist das ein Widerspruch in sich, da nach dem korrekten Wortsinn Möbel durch Beweglichkeit (lat.: mobilis) definiert sind. Die Wandfestigkeit blieb in einigen Bereichen der Wohnkultur bis weit ins 19. Jahrhundert bestehen.

Obgleich der Bestand an Möbeln und die Einrichtung je nach Einkommen üppig oder schlicht ausfiel, sind doch einige Übereinstimmungen in den Wohnräumen der Landbevölkerung erkennbar. Schlafplätze benötigten alle

Die mit Intarsien und Brandmalerei reich verzierte Eichentruhe, datiert 1773, spiegelt den Wohlstand ihrer einstigen Besitzer wider (in Haus Nr. 15).

Familien. Bis ins 19. Jahrhundert waren im ländlichen Schleswig-Holstein wandfest eingebauten Bettstellen, die Alkoven, gebräuchlich.

Platz zur Aufbewahrung, etwa von Textilien, Bettwäsche oder Vorräten wurde ebenfalls in jedem Haus gebraucht. Das Verwahrmöbel schlechthin war auf dem Land bis ins 19. Jahrhundert die Truhe, ein kastenförmiges Möbel mit Klappdeckel, überwiegend aus Eiche oder Nadelholz gearbeitet. Mindestens eine Truhe gehörte eigentlich in jeden Haushalt. Mit flachem Deckel dienten sie auch als Sitzplatz. Auf dem Land nannte man

Truhen noch bis ins frühe 20. Jahrhundert „Kisten" oder auch „Koffer". Allerdings sind mit der Bezeichnung Koffer korrekterweise eigentlich nur jene Truhen gemeint, die einen gewölbten Runddeckel und konischen Körper haben und fast immer mit geschmiedeten Eisenbändern beschlagen sind.

Truhen gehörten zur Brautausstattung, in ihnen hatte die Aussteuer ihren Platz. Je nach Einkommen konnte eine „Brauttruhe" schlicht oder sehr hochwertig sein. Auf farbig gefassten Aussteuertruhen fanden sich häufig das Monogramm der Braut und das Jahr der Eheschließung. Da man sie normalerweise innerhalb der Familie weitergab, waren mehrfach übermalte Truhen nicht ungewöhnlich.

Als weitere wichtige Verwahrmöbel sind Schränke zu nennen. Sie waren zunächst wandfest und tauchten als bewegliche Möbel seit der Mitte des 17. Jahrhunderts zunehmend auch in ländlichen Haushalten auf. Mit der Zeit bildeten sich viele verschiedene Schranktypen heraus. Die Bezeichnung „Schrank" wurde allerdings erst seit der zweiten Hälfte des 19. Jahrhunderts gebräuchlich, vorher war der Name „Schapp" üblich.

Die wohl ersten norddeutschen Kleiderschränke wurden nach niederländischem Vorbild in Hamburg gefertigt. Die barocken „Hamburger Schapps", die sehr wuchtig und teuer waren, hatten ihre Blütezeit um 1700. Ein Hamburger Schapp bestand aus Eichenholz mit Nussbaumfurnier, hatte Kugelfüße, ein hohes Sockelgeschoss mit oder ohne Schubladen, zwei Türen, die beiderseits sowie mittig von einem Pilaster eingefasst waren, und ein ausladendes Kranzgesims. Als Repräsentationsmöbel fand es schnell auch Eingang in wohlhabende Wohnhäuser des Umlandes, z.B. in Dithmarschen. Das beliebte monumentale Möbel wurde im ausgehenden 17. Jahrhundert sogar als Meisterstück der Tischler üblich. Ähnliche Schränke entstanden in Bremen, Lübeck und Danzig. Ihre Ausbreitung hing eng mit dem damaligen Wandel der Kleidermode zusammen. Röcke etwa waren voluminöser, die Stoffe edler und somit empfindlicher geworden. Daher legte man die Kleidung nun besser nicht mehr zusammen, sondern hängte sie auf.

Für den Großteil der Bevölkerung waren solche Schapps unbezahlbar. Dennoch hatten sie Vor-

Kommode mit Waschtischaufsatz und -geschirr, um 1910 (Haus Nr. 58).

bildfunktion. Wer es sich leisten konnte, schaffte sich ebenfalls einen – wenngleich auch wesentlich schlichteren – Kleiderschrank an. Ein typischer Kleiderschrank war beweglich und meistens zerlegbar. Er besaß eine oder zwei Türen und einen Sockel mit oder ohne Schubladen. Er musste hoch genug sein, damit die Kleidung, die darin auf Haken hing, nicht gestaucht wurde. Über den Haken befand sich ein Zwischenboden, auf dem weitere Dinge, etwa Hüte, abgelegt werden konnten. Kleiderstangen wurden erst im ausgehenden 19. Jahrhundert üblich.

Im Gegensatz zu Truhen oder Schränken waren Tische eher selten Prestigeobjekte. Dafür spielten sie in der Hausgemeinschaft eine wichtige soziale Rolle. Schließlich versammelte sich an ihm zu

den Mahlzeiten die Familie und – sowei vorhanden – das Gesinde. Jeder hatt einen nach Geschlechtern getrennte fest zugewiesenen Platz, der Hausher saß meistens an der Stirnseite. Das ge meinsame Essen von Familie und Ange stellten wurde allerdings auf vieler wohlhabenden Hofstellen bereits in 18. Jahrhundert seltener. Man stellte zu nächst einen eigenen Tisch für da Gesinde auf und räumte schließlich der Esstisch der Familie in die Stube, wäh rend das Gesinde weiterhin in der Die le oder Küche aß. Kleinere Höfe mi wenig Gesinde dagegen behielten da gemeinsame Essen meistens bei.

Ein einfacher Tisch setzte sich aus Bö cken und einer Platte zusammen. Kost spieligere Formen wiesen z.B. im 17 Jahrhundert Wangentische oder Tische mit balusterförmigen Beinen auf. Großer Beliebtheit erfreuten sich in Schleswig-Holstein damals auch importierte holländische Ausziehtische. Bis ins 19. Jahrhundert waren außerdem Klapptische sehr verbreitet, namentlich in Nordfriesland, wo in den eher kleinen Wohnräumen für größere Tische ohnehin kein Platz gewesen wäre.

Auch wenn alle Hausbewohner einen festen Platz beim Essen hatten, hieß das nicht, dass alle dabei sitzen konnten. Genügend Sitzplätze waren lange Zeit nicht selbstverständlich. Zum Sitzen dienten zunächst einmal wandfeste Bänke, die ihren Platz entweder in der Diele, in der Döns oder im Pesel hatten, oder die bereits erwähnten flachen Truhen. Stühle fanden sich in wohlhabenden Bauernhäusern vereinzelt wohl spätestens im 16. Jahrhundert. In Schleswig-Holstein waren Pfostenstühle sehr verbreitet, die je nach Region unterschiedliche Formen und Stilmerkmale aufwiesen. Sie setzten sich aus vier Pfosten, einer Sitzfläche aus Stroh, Binsen oder Hanf und einer mit beiden hinteren Pfosten verbundenen Rückenlehne zusammen. Besaßen die Stühle Armlehnen, lagen diese auf den oberen Enden der Vorderpfosten auf. Übrigens hatte der Stuhl des Hausherrn häufig eine höhere Rückenlehne, um seine soziale Stellung innerhalb der Hausgemeinschaft zu verdeutlichen. Als weiteres Sitzmöbel kam in manchen ländlichen Wohnstuben schon im ersten Drittel des 19. Jahrhunderts ein Sofa im Stil des damaligen Biedermeiers hinzu. Endgültig setzte sich dieses Möbel jedoch erst um 1900 durch.

Damals, in der so genannten Gründerzeit, wandelte sich mit der Modernisierung des ländlichen Bauens auch die Einrichtung der Wohnräume. Die meisten Möbel entstanden nicht mehr in dörflichen Tischlereien, sondern in Fabriken, die ihre Waren per Katalog anpriesen. Der Mode entsprechend wurden die industriell gefertigten Möbel fast immer gleich aufgestellt: In die gute Stube gehörten ein Sofa und ein dazugehöriger Tisch, ein oder zwei Sessel sowie Stühle. Außerdem stand dort ein Vertiko oder ein Buffet, bestückt mit Geschirr und Zierrat. Auf dem Fußboden lagen Teppiche, an den Wänden hingen gedruckte Bilder. Die Landbevölkerung verbrachte mehr Zeit als je zuvor in ihren Wohnräumen, die nun viel bequemer als früher ausgestattet waren.

Vertiko, um 1910. Solche Schränke stehen um die Jahrhundertwende in vielen „guten Stuben" (Haus Nr. 3).

## Haubarg aus Witzwort
**Erbaut 1743**
**Kreis Nordfriesland**
**Wiederaufbau 1971**

**42**

Die Halbinsel Eiderstedt, zwischen Husum im Norden und der Eider im Süden gelegen, ragt heute etwa 30 km in die Nordsee hinein. Ursprünglich sind es drei Inseln, die nach und nach eingedeicht werden, und Ende des 15. Jahrhunderts entsteht eine Landbrücke zum Festland. Bis in das 18. Jahrhundert nennt man Eiderstedt noch „Dreilande".
Eiderstedt hat als „Landschaft" bis zur Eingliederung in das preußische Staatsgebiet 1867 besondere Privilegien und Rechte und eine eigene Selbstverwaltung. Der fruchtbare Marschboden bringt gute Erträge und Wohlstand, ab dem 16. Jahrhundert auch durch die Konzentration auf die Milchviehhaltung und den Export von Butter und Käse. Beides lässt die Eiderstedter stolz und selbstbewusst werden. Vom Wohlstand profitiert besonders eine kleine Schicht, die auch politisch das Sagen hat.
Die wohlhabenden Herren wohnen mit ihren Familien und Bediensteten in raummächtigen Haubargen, die auf bis zu fünf Meter hohen „Warften" (künstlich aufgeschütteten Hügeln) errichtet sind und gelassen inmitten der Ländereien stehen. Die Ständerbauweise schützt vor Sturmfluten, da das

Haus stehen bleibt, selbst wenn die Wände vom Wasser weggerissen werden; dicht am Haubarg gepflanzte Bäume trotzen dem Wind. Um 1900 sind es noch 400 an der Zahl, heute weniger als 40.

Als typisch für Eiderstedt werden sie gesehen, doch Haubarge gibt es auch andernorts. Vermutlich aus Ost- und Westfriesland kommen die Großbauten und werden von einwandernden Holländern nach Eiderstedt gebracht. Es sind Gulfkonstruktionen, wie andere Gebäude im Museum (Nr. 22, 26, 30).

Der Haubarg Alberts aus Büttel-Walldeich im Kirchspiel Witzwort, den wir als Beispiel für diese Bauform im Museum zeigen, gehört nicht zu den größten. Er wird 1743 gebaut und ist von 1754 bis 1966 im Besitz der Familie Alberts. Betritt man das Haus durch den Eingang zum Wohnbereich, gelangt man in eine breite Diele mit prunkvollem Mobiliar und vier in die Wand eingebauten Schrankbetten (Alkoven), die ursprünglich als Gesindebetten dienen. Auf dieser Seite der Diele gelangt man weiter in

er Haubarg in Witzwort in
ner Aufnahme um 1955.

den Kuh- und Pferdestall und in den eigentlichen, von sechs Ständern gebildeten Barg, das Zentrum des Hauses, der zum Lagern der Ernte dient. Von ihm führt eine weitere Diele zum Tor, durch das Wagen fahren können, nach draußen.

Der Wohnbereich liegt auf der anderen Seite der Diele und wird von nebeneinander liegenden Räumen gebildet: dem Repräsentationsraum für Feste und Besuche (Pesel), einer Kammer (Kontor), der Wohnstube für den Alltag (Döns), der Küche mit eigenem Zugang, einer Wäsche- und einer Schlafkammer. Unter beiden letzteren liegt der Keller. Die Wohnkultur zeugt von der einstigen Wohlhabenheit der Bewohner.

## Windmühle aus Hollingstedt
**Erbaut 1865**
**Kreis Schleswig-Flensburg**
**Wiederaufbau 1973**

## 43

Einiges über Mühlen ist bereits bei der Beschreibung der Bockwindmühle gesagt (Nr. 7). Die Windmühle aus Hollingstedt an der Treene ist vom Typus eine „Holländer-Mühle", genauer ein „Galeriehollländer", und vergleichbar mit der kleinen Spinnkopfmühle (Nr. 27). Manche nennen sie auch „Kappenwindmühle", weil nur noch die Kappe mit dem Flügelkreuz in den Wind gedreht werden muss und nicht der ganze Baukörper. Dies geschieht anfangs mittels eines an der Rückseite der Flügel angebrachten langen Balkens, des Steerts, der von der umlaufenden Galerie aus bedient wird. Noch bis 1911 ist dies bei unserer, damals noch strohgedeckten, Mühle der Fall. 1914 wird der Steert durch eine Windrose ersetzt, ein Windrad mit schräggestellten Klappen, welches das Oberteil der Mühle selbsttätig und ohne Eingriff des Müllers in den Wind dreht. In der Folgezeit wird sie elektrifiziert, verliert Windrad und Flügel. Ein in einem Anbau untergebrachter Dieselmotor liefert die Energie. Im Museum ist die Mühle im Zustand von 1914 aufgebaut, die Technik innen entspricht jener des 19. Jahrhunderts.

Im Vergleich zu unserer Bockwindmühle mit allerdings geringeren Investitonskosten ist die Kappenwindmühle fortschrittlicher und leistet mit 21 PS auch doppelt so viel. Der Müller Henning Thomsen baut sie 1865 in Hollingstedt und verkauft sie 1880 an den Müllergesellen Peter Andresen aus Treia. Bis 1970 bleibt die Mühle im Besitz der Familie Andresen. Ab 1940 geht der Mahlbetrieb mehr und mehr zurück, bis er 1950 eingestellt wird. Seit dieser Zeit liegt die Mühle still und verfällt zusehends, bis sie für das Museum gerettet wird.

Blick in den Mahlraum der Mühle am ursprünglichen Standort, um 1965.
Zu sehen sind der ummantelte Mahlgang, also Boden- und Läuferstein, und der Trichter, in den das Korn geschüttet wird.

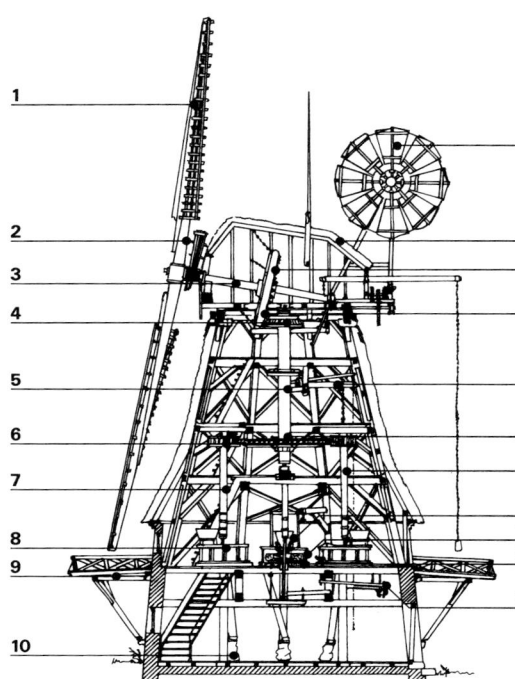

| | |
|---|---|
| 1 | Flügel |
| 2 | Bruststück |
| 3 | Flügelwelle |
| 4 | Treibstockrad |
| 5 | Königswelle |
| 6 | Bunkler |
| 7 | Steinkran |
| 8 | Mahlgang mit Mehlbütte |
| 9 | Galerie |
| 10 | Mehltüte |
| 11 | Windrose |
| 12 | Kappe |
| 13 | Kammrad |
| 14 | Bremse |
| 15 | Sackaufzug |
| 16 | Stirnrad |
| 17 | Spindel |
| 18 | Trichter |
| 19 | Läuferstein |
| 20 | Bodenstein |
| 21 | Steinhebeeinrichtung |

Die Hollingstedter Windmühle ohne Flügelkreuz am alten Standort vor dem Abbau, um 196.

## Vierseithof
## aus dem Christian-Albrechts-Koog
### Erbaut um 1710 mit späteren Anbauten
### Kreis Nordfriesland
### Wiederaufbau 1985

Die Geschichte des Christian-Albrechts-Koogs beginnt mit landesherrlichen Plänen von 1631, mittels Deichbau neues Land zu gewinnen. Doch erst 75 Jahre später gelingt es, das Gebiet, von dem unser im Museum wieder aufgebauter Hof stammt, trockenzulegen, so dass 1708 einem Nikolaus Hansen, Amtsschreiber in Tondern, Land zugewiesen werden kann. Hansen errichtet dort bald danach ein Haus, das 1740 an Heine Ketelsen übergeht. Zu dieser Zeit besteht es aus einem L-förmigen Winkelbau mit Wohn- und Stalbereich in jedem Flügel. Der Familie Ketelsen und nachfolgenden Besitzern gelingt es, ihr Land zu vergrößern und zu arrondieren, bis der Hof 1840 vom damaligen Besitzer Peter Levsen neu und größer aufgebaut wird, wobei Teile des Altbaus stehen bleiben. Seiner Frau Caroline zu Ehren nennt er das Haus „Carolinenhof" (Bilder von beiden links). Durch Anbau eines neuen Flügels für den Kuhstall entsteht jetzt ein Dreiseithof. Um 1880 wird diese offene Form durch Anbau eines Pferdestalls geschlossen, so dass der Vierseit-

hof entsteht, eine Bauform, die es nicht nur in Norddeutschland gibt. Der jetzige geschlossene und architektonisch vollkommen anmutende Baukörper ist also das Ergebnis von Um- und Anbauten.

Noch in den 1950er und 1960er Jahren wird umgebaut, allerdings im Innern: Strom, Wasser, später Zentralheizung kommen ins Haus; 1969 wird ein Nebengebäude für die Schweinemast ausgebaut.

Im Museum zeigt sich der Hof in der Zeitschicht des späten 19. Jahrhunderts: aufwändiger Wohnteil für die Bauern, Raum für den Unterricht von Kindern auch der Nachbarhöfe durch einen Hauslehrer, Gesindeküche und -essplatz, Wirtschaftsräume mit Backofen und Keller, Mägdekammer, Ställe für zehn Pferde und ca. 50 Rinder und Kälber sowie Knechtekammer in der Nähe des Pferdestalls.

Durch das fast vollständige Fehlen originaler Möbel aus dem Haus ist die Einrichtung nach verschiedenen Anhaltspunkten zusammengestellt.

*Oben:* Der Hof am alten Standort, um 1900.
*Unten:* Eingangsseite mit Giebel im aufgebauten Zustand im Museum.

102

# 45

## Armenhaus aus Drelsdorf
### Rekonstruktion
### Kreis Nordfriesland
### Aufbau 2003

Das ursprüngliche Gebäude wird als kleines Bauernhaus in der ersten Hälfte des 18. Jahrhunderts errichtet. Um 1800 übernimmt es die südöstlich von Bredstedt gelegene Gemeinde Drelsdorf und baut es zum Armenhaus um: Im ehemals westlichen Stallteil entstehen zusätzliche Wohnräume und eine zweite Küche. Anlässlich einer Volkszählung 1835 ist überliefert, dass in dem kleinen Haus zwölf Personen leben, im Jahr 1865 wird sogar von 19 Menschen berichtet. Nach dem Zweiten Weltkrieg bewohnen Flüchtlinge das Häuschen.

Das Armutsproblem auf dem Land ist, besonders im 19. Jahrhundert, bedeutsam. Überall werden Armenhäuser errichtet, um die Menschen unterzubringen, denn die Fürsorgepflicht obliegt den Gemeinden.

Das 1949 abgebrannte originale Armenhaus wird in Drelsdorf durch ein neues Gebäude mit vier kleinen Wohnungen ersetzt. Im Museum ist eine Rekonstruktion des Originals nach Fotos und Plänen zu sehen.

## Haus aus Westerland
**„Lorens-Petersen-de-Hahn-Haus"**
**Erbaut 1699, Rekonstruktion**
**Kreis Nordfriesland**
**Wiederaufbau 1969**

# 46

Im Jahr 1699 lässt der Kommandeur eines Walfang-
schiffes, Lorens Petersen de Hahn, dieses nordfriesi-
sche Langhaus für seine Frau und sich in Westerland
auf Sylt errichten. Wie fast alle Männer der Inseln
und Halligen in der Nordsee fährt er zur See, wird
bereits mit 24 Jahren Kapitän, einer der bekanntes-
ten in der Region.

Man jagt den Grönlandwal, macht sich Ende Febru-
ar auf den Weg in die großen Städte und nach Holland, von dort mit großen Schiffen bis in das nördliche Eismeer und kehrt erst im November wieder
zurück. Viele Seefahrer nehmen die gewaltigen Un-
terkieferknochen der Wale mit und stellen sie als
Trophäe vor ihre Häuser. Nicht des Fleisches wegen
fängt man den Wal; vielmehr wird sein Speck an

Land zu Tran verkocht, der vor allem in Lampen verbrannt der Beleuchtung der Wohnungen dient.

Der langgestreckte Bau mit beidseitigem Krüppelwalm wird über die quer verlaufende Diele erschlossen, die den (kleinen) Stallteil im Westen vom Wohnteil im Osten trennt. In der Mitte der Südseite ist der Eingang mit einem Spitzgiebel darüber. Nach Süden liegen auch die Wohnräume, heizbare Stube (hier „Dörnsk"), Pesel und eine weitere Kammer an der Ostseite (Osterstube) mit in den Wänden eingebauten Schrankbetten. Die Wandverkleidungen mit aufwändigen Paneelen, Malereien und Fliesen mit christlichen und floralen Darstellungen lassen den Reichtum des Kapitäns und späteren Strandinspektors erahnen. Hinter der Döns liegt gen Norden die Küche mit Herd und Backofen.

Die originale Einrichtung wird ab 1937 als Museum auf Westerland in einem teilweisen Nachbau des Hauses gezeigt und später in den 1960er Jahren dem Schleswig-Holsteinischen Freilichtmuseum angeboten. Hier entscheidet man sich für eine Rekonstruktion des Gebäudes nach Aufmaß, um die wertvolle Einrichtung im Kontext ausstellen zu können.

*Unten:* Das Haus am alten Standort auf Sylt, um 1965. *Oben:* Restaurator bei der Arbeit.

## Haus aus Klockries
**Erbaut 1634**
**Kreis Nordfriesland**
**Wiederaufbau 1968**

Wie das Haus aus Westerland (Nr. 46) hat auch das Haus aus Klockries im Kornkoog bei Niebüll die Form eines Langhauses und zeigt Konstruktionsmerkmale, wie sie für das Uthland, das Land vor dem Deich, typisch sein mögen. Da auf diesen wassergefährdeten Inseln und Küstenstreifen Nordfrieslands Sturmfluten die Gebäude bedrängen, die selbst massives Mauerwerk einzudrücken vermögen, werden Dach und Gebälk von hölzernen Ständern getragen, welche innen dicht an den Außermauern stehen. Kommen die Mauern also zu Schaden, bleibt das Ständerwerk dennoch bestehen, denn das schwere Balkengefüge hält dem Wasser stand.

Die Giebelseite im wieder aufgebauten Zustand im Museum.

Prächtig ist besonders der Ostgiebel mit seiner

Türe, obwohl er die Stallseite abschließt. Der große Aufwand an Formsteinen und Profilen verweist auf die hohe Zeit des Backsteinbaus. Der Giebel hätte am Standort in Klockries einer Stallerweiterung weichen sollen.

Man betritt das Haus, wie bei Langhäusern üblich, in der Mitte der Traufseite und gelangt in die kleine Diele („Vortele"), die den Wohn- vom Stallteil und der Dreschdiele („Loo") trennt. Im Wohnteil fällt die für Nordfriesland typische Farbigkeit auf, besonders in der Stube, der Döns, die nach einem Gemälde von Carl Ludwig Jessen rekonstruiert ist. Der Pesel, dessen Außenwände mit manganfarbenen Fliesen belegt sind, wird wohl erst um 1700 angebaut. Dort dürfte Hans Nickelsen (1757–1843), der dem Deichgrafen nachgeordnete Deichrichter, die Bauern des Kornkooges versammelt haben, wenn es die Arbeit am Deich zu besprechen galt. Die farbig bemalten Schränke im Haus sowie der Bilegger stammen aus Klockries und Lindholm.

Das Haus von der Giebelseite am Standort in Klockries, vermutlich mit den Bewohnern. Aufnahme 1912.

## Haus aus Borsbüll
**Erbaut um 1770**
**Kreis Nordfriesland**
**Wiederaufbau 1977**

Ähnlich wie in der Marsch finden wir auch in der
östlich sich anschließenden Geest Langhäuser als
quergeteilte Wohn-Stall-Häuser vor, man nennt sie
Geesthardenhäuser. Dort sind sie stattlicher und haben einen größeren Wirtschaftsteil. Auch die Ständerbauweise wie bei Haus Nr. 47 ist nicht durch-
gängig verwirklicht. So liegt beim Haus aus Borsbüll

der Dachstuhl nur im Stallteil auf Ständern auf, im Wohnteil hingegen auf den Außenmauern. Die Raumstruktur ist aber im Grundsatz gleich: eine quer verlaufende Diele teilt den Wohn- vom Wirtschaftsteil, der in Dreschdiele, Stall und Scheunenraum gegliedert ist. Große Tore im Dresch- und Scheunenteil erlauben die Einfahrt mit Wagen.

Unser Langhaus stammt aus Borsbüll, das südlich von Bredstedt unmittelbar auf dem Geestrand vor den ebenen, fruchtbaren Flächen der Marsch liegt. Diese Lage ermöglicht die Kombination von Acker- und Viehwirtschaft, was größere Wirtschaftsteile notwendig macht.

Das Paneelwerk in der Döns ist original aus dem Haus. Die Initialen des Erbauers Ketel Sievers sind über dem Schrankbett neben dem Bilegger eingearbeitet. Die Jahreszahl 1862 auf dem Zahnfries im Wohngiebel deutet auf einen Umbau oder eine größere Reparatur hin.

*inks:* Am Standort in Borsbüll mit Plumpsklo und kleinem Stallanbau am Giebel, um 1970.
*Oben:* Döns im Museum.

## Haus von der Hallig Langeneß
**Erbaut um 1783 (d)**
**Kreis Nordfriesland**
**Wiederaufbau 1998**

Auch auf den Halligen sind Langhäuser als Ständer-
bauten üblich. Der Dachstuhl wird von in den Erdboden eingelassenen auf Feldsteinen ruhenden
Pfosten getragen, die von massiven Außenwänden
ummauert sind. Das Gerüst kann bei unterspülten
oder eingestürzten Wänden der Sturmflut standhal-
ten, so dass der Dachraum als letzte Zuflucht für
Menschen und Tiere erhalten bleibt.
Sturm- und Flutschäden erfordern wiederholte In-
standsetzungsarbeiten an den Häusern, bei denen
oft alte Bauteile, auch von anderen Häusern, wieder
verwendet werden. So sind in dieses Haus ebenfalls
nachweislich mehrere Sparren und Balken aus dem
15. Jahrhundert in Zweitverwendung eingebaut.
Bis in die Mitte des 19. Jahrhunderts fahren die
meisten Männer auf Walfang- oder Handelsschiffen
zur See, vorwiegend im Dienst niederländischer
Reedereien. Während ihrer Abwesenheit erledigen
Frauen alle Tätigkeiten und Geschäfte, auch die
Landwirtschaft. Erst mit dem Rückgang der Seefahrt
kommt es zu einer Verschiebung der Arbeitsteilung.
Anders ist das Leben auf den Halligen gegenüber
dem der Bewohner des Festlands. Besonders die
Versorgung mit Trinkwasser und Brennmaterial

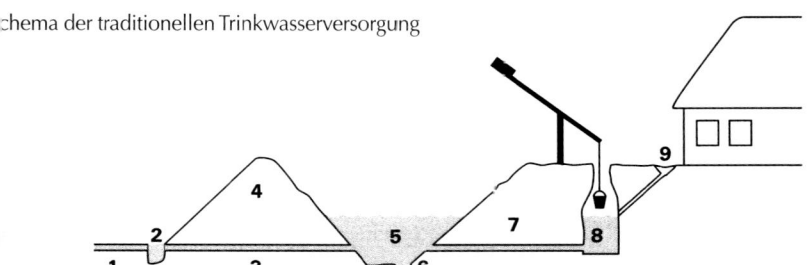

Gegrabene Rinne vom Scheetels
Scheetelsloch
Fething-Siel (Rohr)
Fethingwall
Fething
Fething-„Quelle"
Rohrverbindung
Fething-Sood
Rinne für Regenwasser vom Dach

muss aufwändig organisiert werden. Da das Grundwasser salzig ist, sammelt man Regenwasser in offenen, teichartigen Zisternen, den „Fethingen". Erst 1963 wird die Hallig Langeneß an die Wasserversorgung des Festlands angeschlossen. Da Holz auf den Halligen fehlt, sind „Ditten", rechteckig ausgestochene Platten aus getrocknetem Kuhdung, das Brennmaterial.

Der letzte Besitzer, Landwirt Jens Hansen, bewohnt mit seiner Familie das eng bemessene Haus auf der Peterswarft bis 1984.

…eterswarft auf Langeneß von Westen gesehen. Postkarte (Ausschnitt) um 1930.

…bb. S. 112: Blick auf die Häuser Nordfrieslands im Museum.
bb. S. 113: Mädchen in der Türe im Haus aus Klockries (Nr. 47), Aufnahme 1912.

## Die Landwirtschaft

Seit jeher war Schleswig-Holstein ein Agrarland und über Jahrhunderte sind die Wirtschaftsformen weitgehend gleich geblieben. Man hat Äcker bestellt, um darauf Getreide anzubauen, und Vieh gehalten. Bis weit ins 19. Jahrhundert waren die Menschen in großem Maß von der Natur abhängig, auch von ihren Katastrophen. Extreme Wetterbedingungen, wie Dürre oder Überschwemmungen, Misswuchs der Pflanzen, Tierseuchen oder Schädlinge verdarben in manchen Jahren nahezu die gesamte Ernte.

In den Häusern existierte, zumindest während des Winters, eine Wohngemeinschaft von Mensch und Tier. Im Niederdeutschen Fachhallenhaus stand das Vieh zu Seiten der großen Diele, einem Aufenthalts- und Arbeitsraum, in dem Geräte aufbewahrt wurden und an deren Ende sich der Herd befand. Bei den Lang- und Gulfhäusern waren die einzelnen Funktionsbereiche stärker voneinander getrennt, der Kontakt zwischen Mensch und Tier dadurch weniger eng, aber alle lebten auch hier unter demselben Dach.

Die Bauern hielten Rinder für Milch und Fleisch, Pferde als Zugtiere, Schweine und Geflügel. Kätner mit kleiner Landwirtschaft besaßen statt der Kühe oft Ziegen und konnten sich auch keine Pferde leisten. Im späten Herbst holte man die Tiere ins Haus, musste sie dann aber auch mit Strohhäcksel und dem von den Wiesen gewonnenen Heu füttern. Das eingelagerte Futter reichte jedoch in langen, kalten Wintern oft nicht aus, so dass sie im Frühjahr öfter stark abgenommen hatten und in manchen Jahren auch sehr geschwächt waren.

Viehhandel hatte es seit jeher gegeben, aber mit dem Wachstum der Städte seit dem 16. Jahrhundert wuchs der Fleischbedarf stark an. Die Bauern der Marschen reagierten darauf mit der Aufzucht von Ochsen, die sie während des Som

Eine Arbeitskolonne an der durch Dampfkraft angetriebenen Dreschmaschine, um 1900.

Einfahren der Ernte in Achterwehr, Aufnahme 1934.

ners auf die Weiden brachten, um sich Schlachtgewicht anzufressen und im Herbst trieben sie die Tiere nach Süden zu einem der bekannten Ochsenmärkte. Die landwirtschaftlich genutzten Flächen Schleswig-Holsteins wiesen eine sehr unterschiedliche Qualität auf. Während der Boden auf der Geest trocken und wenig gehaltvoll war, brachte der schwere Marschboden im Westen des Landes bessere Erträge, ließ sich aber auch mühsamer bearbeiten.

Zur Gewinnung von Brotgetreide baute man überwiegend Roggen, in geringerer Menge auch Weizen an. Daneben spielte der genügsame Buchweizen für Grützen und andere Mahlzeiten auf der Geest eine erhebliche Rolle. Auf den feuchteren, gehaltvolleren Böden wuchs stattdessen Gerste. Hafer brauchte man für die Pferde. Felder mit Raps, aus dessen Früchten Öl gepresst wird – die Überreste dienen als Viehfutter –, gab es auch früher, aber weniger. Außerdem spielte der Anbau von Flachs eine wichtige Rolle, weil aus den Fasern Leinen gewonnen und gewebt werden konnte.

Rüben und Kohl waren bis ins 19. Jahrhundert hauptsächlich in Gemüsegärten gezogen worden. Seitdem nahm ihre wirtschaftliche Bedeutung zu und der Anbau erfolgte auf Feldern. Ihre Zuckerrüben lieferten die Bauern in die Zuckerraffinerien. Zur Lagerung des Kohls entstanden z.T. sogar eigene Scheunen. Kartoffeln setzten sich erst im Laufe des 19. Jahrhunderts durch – später als in anderen Regionen.

Die Wahl der Aussaat erfolgte bis um 1700 herum willkürlich. Erst danach setzte sich die Erkenntnis durch, dass es für das Land und die Erträge besser sei, unterschiedliche Früchte aufeinander folgen zu lassen. In der sogenannten Zwei- oder Dreifelderwirtschaft wechselten die Bauern nun jahrweise zwischen den Getreidearten. Als Dünger kamen der Stallmist und der Dung der Abtritte auf die Flächen, im 19. Jahrhundert auch Mergel.

In der zweiten Hälfte des 18. und im beginnenden 19. Jahrhundert erfolgte mit der Verkoppelung eine umfangreiche Umstrukturierung der bäuerlichen Län-

Ein Mäher auf der Hallig Hooge schärft seine Sense, Aufnahme 1906.

dereien. Die bis dahin der dörflichen Allgemeinheit gehörenden Wiesen, Weiden, Heide- und Moorflächen – die Äcker waren festes Eigentum der Bauern – wurden den zur Gemeinde gehörenden Höfen, ihren jeweiligen Größen entsprechend, als Besitz zugeteilt. In der Folge sind dadurch große Teile des Landes, die bis dahin weitgehend naturnah belassen waren, ebenfalls intensiv bewirtschaftet worden. Zur Abgrenzung der einzelnen Parzellen legte man damals die Knicks an, die das schleswig-holsteinische Landschaftsbild bis heute prägen.

Zur Verbesserung der Bodenqualität trockneten die Landwirte seit Mitte des 19. Jahrhunderts Feuchtgebiete durch das Verlegen von Drainagerohren und sicherten so ihre Ernten. Außerdem setzte sich die Verwendung von zusätzlichem Dünger durch, für die Albrecht Thaer (1752–1828) schon um 1800 in theoretischen Schriften geworben hatte. In der Jahrhundertmitte entwickelte sich mit rasanter Geschwindigkeit ein Welt-

handel mit Dünger, v. a. Guano (Vogelkot) und Salpeter, die beide aus Südamerika nach Europa importiert wurden. Über den Landhandel waren die Mittel überall käuflich und vergrößerten die Erntemengen erheblich. Zunehmende Bedeutung erlangten daneben auch die sogenannten Pflanzenschutzmittel, mit denen fortan einerseits Schädlinge, andererseits „Unkräuter" bekämpft werden konnten.

Hatte Mitte des 19. Jahrhunderts in Schleswig-Holstein noch die Hälfte der Erwerbstätigen in der Landwirtschaft gearbeitet, so veränderten sich nun die Verhältnisse. Neben der Ertragssteigerung revolutionierten neue Maschinen die landwirtschaftlichen Arbeitsabläufe. Das Gras schnitten keine Männer mit Sensen mehr, sondern von Pferden gezogene Mähbalken, Getreide wurde statt mit Körperkraft und Dreschflegeln von durch Traktoren angetriebenen Dreschmaschinen ausgedroschen. Auf dem Acker und im Haus übernahmen Geräte die notwendigen Tätigkeiten und errichteten sie sehr viel effizienter. Die menschliche Arbeitskraft spielte eine immer geringere Rolle. Pferde blieben als Zugtiere noch bis in die Mitte des 20. Jahrhunderts neben den leistungsfähigen Schleppern wichtig, danach wurden sie als Arbeitstiere ebenso verdrängt.

Die größeren Ernten und die Arbeitserleichterungen hatten zur Folge, dass die landwirtschaftlichen Betriebe sich vergrößerten. Es wurden mehr Tiere gehalten und die Lagerkapazitäten reichten für die stattlichen Ernten nicht mehr aus. Deshalb mussten die Bauernhäuser erweitert oder durch neuere, größere ersetzt werden.

Bis in die 1870er Jahre war die Milch noch auf den Höfen zu Butter und Käse verarbeitet und zur eigenen Versorgung verwendet worden. Dann kam sie in die Meiereien, um von dort zentral vermarktet zu werden.

In der Regel bestand auf den Höfen eine Arbeitsteilung zwischen Mann und Frau. Die Frauen übernahmen neben Haushalt und Garten das Melken, die Aufzucht der Kälber und die Versorgung des Geflügels. Daneben halfen sie, das Vieh zu füttern oder bei Bedarf auch auf den Feldern.

In der zweiten Hälfte des 20. Jahrhunderts änderten sich die Bedingungen in der Landwirtschaft grundlegend. Maschinen reduzierten menschliche Arbeitskräfte auf ein Minimum und knappe Gewinnspannen zwangen die Bauern in der Viehzucht und im Ackerbau zu immer stärkeren Spezialisierungen.

Getreideernte, vermutlich bei Kellinghusen um 1900.

## Haus aus Klappholz
**Erbaut 1764 (d)**
**Kreis Schleswig-Flensburg**
**Wiederaufbau 1988**

**50**

Nach jahrzehntelangen, hohe Kosten verursachen-
den Kriegen beschließt die dänische Regierung
1758 unter König Friedrich V., die großteils unbe-
wohnte und unbewirtschaftete Geest Jütlands und
Schleswigs zu besiedeln. Man erhofft sich davon
eine Erhöhung der Staatseinnahmen und die Ver-
mehrung der Bevölkerung. Da der Stand der Landwirtschaft in Süddeutschland als fortschrittlicher
gilt, wirbt man um Kolonisten aus Gebieten insbe-
sondere des heutigen Hessens, der Pfalz und Ba-
den-Württembergs und verspricht ihnen Haus,
Land, Vieh und Ausstattung. Allein im Herzogtum
Schleswig werden zwischen 1760 und 1764 insgesamt 654 Familien angeworben. Jede erhält ein kleines Haus mit Wohn- und Wirtschaftsteil, rund neun
Hektar Landfläche (Moor oder Heide), zwei Ochsen, eine Kuh, zwei Schafe, einen Wagen, einen
Pflug und eine Egge. Die Kolonisten müssen einen
Eid auf den dänischen König leisten. Erst nach 20

freien Jahren sollten Abgaben fällig werden; die Zuteilung der Stellen erfolgt durch Los. Viele Kolonisten geben wieder auf, denn das Land ist zu klein und die Erträge sind zu gering.

Das Kolonistenhaus aus Klappholz zwischen Schleswig und Flersburg stammt von einer besseren Stelle: 1765 werden hier zwei Kolonistenstellen zusammengelegt, so dass der Ertrag befriedigend ist. Die Bauweise dieses wie der anderen Kolonistenhäuser ist von dem Schleswiger Baumeister Benetter als sechs Fach langes Hallenhaus mit Reetdach und massiven Wänden geplant, zwei Fach für den Wohn- und vier Fach für den Wirtschaftsteil.

1764 kommt die Familie Schaaf aus dem heutigen Baden-Württemberg ins Land; von 1811 bis 1984 ist sie auf diesem Hof nachweisbar.

Das Haus am alten Standort, Aufnahme 1979.

## Dreiseithof aus Quars
**Erbaut 1806**
**Dänemark, Kommune Sønderborg**
**Wiederaufbau 1982**

## 51

Quars ist ein kleines Dorf bei Gravenstein nahe dem Alsensund im heutigen Dänemark. Der ehemalige „Küsterhof" liegt als Dienstwohnung des Kirchendieners bis zur Übernahme durch das Museum in unmittelbarer Nähe zu Kirche und Friedhof. Wie der Pfarrer bestreitet der Küster seinen Lebensunterhalt weitgehend durch die Landwirtschaft. Nebenbei ist er Lehrer; mehr Arbeit hat er im Winter, weil im Sommer die Kinder in der Landwirtschaft mithelfen.

Die Größe der Hofanlage mit drei Flügeln ist beachtlich. Zur Straße liegt der Wohntrakt mit der Küche zum Innenhof, der 1768 als erster Bauabschnitt entsteht. Der linke Flügel enthält die Ställe, der rechte eine kleine Altenteilerwohnung und die Loo, die Dreschdiele. Beide werden 1806 angebaut.

Anfang des 20. Jahrhunderts wechselt der Hof in den Besitz der Familie Stahl, die das Haus bis 1975 bewohnt.

Die Hofanlage am Standort in Quars, um 1900.

Der früher an der Straße gelegene Hauptteil der Hofanlage im wieder aufgebauten Zustand im Museum.

## Apotheke
**Nachbau des Zustands um 1840**
**Original in Cismar, Kreis Ostholstein**
**Aufbau 1979**

**52**

Anstoß für diesen Nachbau eines Apothekengebäu-des ist das Geschenk einer Offizin-Einrichtung (Ver-kaufsraum) von 1843 von der Apothekerin Kjestina Carstensen aus Lunden in Dithmarschen. Ihr Haus in Lunden bleibt – umgebaut – an Ort und Stelle. Als Vorbild für den Museumsnachbau findet sich ein Gebäude in Cismar in Ostholstein, das seit 1854 eine Apotheke beherbergt, im Museum jedoch leicht verändert wird. Die Laboreinrichtung stammt aus der Wohlgemuth-Apotheke in Hamburg, die Einrichtung des Geschäfts- und Nachtdienstzim-mers aus dem Kontor einer Kieler Rechtsanwalts-familie. Die Stößerkammer, in der man getrocknete Pflanzen abwiegt und zerkleinert, ist rekonstruiert. Imposant ist die Offizin mit den feinen Intarsien-arbeiten aus Mahagoni. In zahlreichen Schüben findet der Apotheker anhand der lateinischen Be-schriftung die richtigen Zutaten für seine Rezeptu-ren. Vor den Blicken der Kunden verborgen arbei-tet er mit Mörser und Pistill, mit Waage, Pillenbrett und Salbenschale am Rezepturtisch in der Mitte des Raumes. Ebenso unzugänglich steht der „Giftschrank" mit doppelt verschließbaren Türen seitlich der Rezeptur. Die beschrifteten Standgefäße in den Regalen an den Wänden sind voll von Flüssigkeiten, Kräutern und Tinkturen.

Kräuter gewinnt man aus dem Kräutergarten an der Südseite des Hauses. Er ist nach einem Arzneibuch von 1831 angelegt und nach Anwendungsbereichen in verschiedene Quartiere eingeteilt.

Der Westgiebel der Apotheke mit dem Apothekergarten im Museum.

Blick in die Offizin, den Verkaufsraum der Apotheke im Museum. Im Hintergrund werden die Rezepturen zubereitet.

## Meierei aus Voldewraa
**Nachbau des Zustands um 1915**
**Kreis Schleswig-Flensburg**
**Aufbau 1972**

## 53

1874 wird in Voldewraa im nördlichen Angeln die erste Genossenschaftsmeierei in Schleswig-Holstein in Betrieb genommen. Gegründet wird sie von elf Landwirten, die sich mit insgesamt 150 Kühen als Mitglieder der Genossenschaft eintragen lassen. Täglich werden 1000 bis 1500 Liter Milch verarbeitet. Die meiereimäßige Verarbeitung von Milch nimmt im letzten Viertel des 19. Jahrhunderts besonders in Schleswig-Holstein einen bedeutenden Aufschwung: zwischen 1883 und 1887 werden 350 Genossenschaftsmeiereien gegründet.

Die Meierei in Voldewraa, Postkarte 1924.

Die Meierei in Voldewraa ist zunächst eine „Satten-meierei": Der Rahm wird in großen Kipppfannen abgeschöpft und in eichenen Tonnen abgebuttert. Als 1877 Zentrifugen aufkommen, die eine höhere Effektivität versprechen, betreibt man diese in Voldewraa mittels eines Pferdegöpels, der auf dem Hof der Meierei steht. 1887 benutzt man eine Dampf-turbinenzentrifuge und 1914 baut man eine Dampf-maschine ein. Die im Museum gezeigte stammt von der Meierei Lohe bei Rendsburg und ist in der Fabrik Jebsen in Flensburg hergestellt. 1966 fusio-niert die Genossenschaftsmeierei Voldewraa mit der Adelbyer Meierei eG, Flensburg, und stellt ihren Be-trieb ein. Heute übernimmt der „Verein Historische Meierei Voldewraa" die Patenschaft und zeigt regel-mäßig die Herstellung von Butter und Käse nach alter Art. Das im ehemaligen Kühlraum unterge-brachte „Milch-Bistro" betreibt das Museum und lädt die Besucher zum Verweilen ein.

Dampfmaschine in der Meierei *(oben)* und Göpel-haus neben dem Meiereige-bäude *(rechts)* im Museum.

**54**

### Göpelhaus
**Nachbau, Zustand spätes 19. Jahrhundert**
**Aufbau 1991**

Neben der Meierei aus Voldewraa ist bis zum Ein-bau der Dampfmaschine 1914 ein Pferdegöpel in einem neben dem Meiereigebäude errichteten Wet-terschutz (Göpelhaus) in Betrieb.
Dieser Göpel stammt von einem Hof in Lehmkaten bei Altenholz. Das Haus dazu ist eine Rekonstruk-tion nach Vorbildern, wie sie im ganzen Land anzu-treffen sind.

Tiere im Museum freuen Kinder und Erwachsene. Eine Museumsbahn bringt die Besuche auch an vom Eingang weiter entfernte Orte.

# 55

## Windturbine aus Friedrichskoog
**Erbaut 1922**
**Kreis Dithmarschen**
**Wiederaufbau 1975**

Im Zuge der Elektrifizierung errichtet man nach
1900 an der windreichen Westküste die besonders
von der Firma Köster in Heide hergestellten Wind-
turbinen. Zu Hunderten stehen diese hohen Konstruktionen in der Landschaft. Sie decken den Licht-
strombedarf von Bauerhäuserr, betreiben Dynamos
zum Füllen der Akkumulatoren und treiben Schrot-
mühlen an. 1922 wird die Turbine auf dem Haus-
dach des Bauern Fritz Mohr in Friedrichskoog errichtet. Sie erreicht eine Leistung von ca. 9 PS bei
Windstärke 5.

## Haus aus Süderbrarup
**Erbaut 1797**
**Kreis Schleswig-Flensburg**
**Wiederaufbau 1978**

Bis 1964 steht der „Ehlershof", benannt nach dem letzten Eigentümer, in der Ortsmitte von Süderbrarup im südlichen Angeln. Dann muss er einem Neubau weichen und Maria und Ernst Ehlers schenken ihn dem Freilichtmuseum. 1797 wird der Hof von einem Claus Holländer gebaut – Datum und Name sind im Sturzbalken der Küchentür und über den Schrankbetten ausgewiesen.

Der nach Osten ausgerichtete Wirtschaftsteil ist eine Hallenkonstruktion mit Diele und seitlichen Ställen, in denen bis zu 24 Kühe mit den Köpfen zur Mitte hin stehen, also von der Diele aus gefüttert werden. Der Wohnteil im Westen ist von der Traufseite aus zugänglich und mit einer Längswand vom Stallbereich abgeteilt. In der „Backlau" (dem Hinterraum) befindet sich eine Altenteilerwohnung.

Am alten Standort in Süderbrarup, um 1960.

Die gelben Backsteine, mit denen das Fachwerk ausgemauert ist, sowie die großen Fenster mit den spiegelnden Napfscheiben sind für Angeln charakteristisch. Auch die Form des Dachfirstes, der mit Sumpfgras belegt ist, das von eichenen Hölzern („Hängehölzer") gehalten wird, findet man in ganz Angeln, auch nördlich der Flensburger Förde in Dänemark und auch noch in Schonen.

# 57

## Scheune aus Süderbrarup
**Erbaut um 1790**
**Kreis Schleswig-Flensburg**
**Wiederaufbau 1979**

Die aufgebaute Scheune, die mit dem soeben beschriebenen Wohn- und Wirtschaftsgebäude aus Süderbrarup eine für Südangeln charakteristische Hofanlage bildet, stammt vom Nachbarhof im nämlichen Ort, dem Hof Marxen. Der vielräumig unterteilte Wandständerbau mit engfeldrigem Fachwerk steht, wie am originalen Standort, rechtwinklig zum Haupthaus. Er beherbergt Pferde, Schafe, Wagen und den Korn- und Futtervorrat. Auch der Knecht ist in einer kleinen Kammer in Nähe des Pferdestalls untergebracht. Wie beim Haupthaus wird auch hier der First mit eichenen, oben sich kreuzenden Hölzern gehalten.

Das zur Scheune gehörige Haupthaus des Marxenhofes wird in den 1990er Jahren in das Landschaftsmuseum Unewatt transloziert und als Verwaltungs- und Ausstellungsgebäude wieder aufgebaut.

Eingangstüre am Haus aus Süderbrarup, Zustand im Museum.

## Haus aus Kosel
**Erbaut um 1680 (d)**
**Kreis Rendsburg-Eckernförde**
**Wiederaufbau 1989**

**58**

Von der Halbinsel Schwansen, einer Landschaft zwischen Schlei und Eckernförder Bucht, stammt dieses Hallenhaus, das nach dendrochronologischer Untersuchung um 1680 erbaut wird. Es gehört zu einer Halbhufenstelle, die seit 1777 eine Familie Wendt bewirtschaftet.

Mehrfach wird das Haus umgebaut: Von den ursprünglichen Fachwerkwänden bleiben nur der Giebel und die Zwischenwand zum Wohnteil erhalten. Die erneuerten Seitenwände des Stall- und Wohnteils sind massiv gemauert. Zudem erfährt der Wohnbereich eine Erweiterung, indem die seitlichen Stallräume als Kammern umgebaut und genutzt werden. Ein kleiner von der Küche aus zugänglicher Halbkeller kommt hinzu.

Wir zeigen das Haus mit den Umbauten im Zustand der ersten Hälfte des 20. Jahrhunderts.

Am Standort in Kosel, um 1967.

## Haus aus Böelschuby
**Erbaut 1753**
**Kreis Schleswig-Flensburg**
**Wiederaufbau 1995**

Das 1753 erbaute Haus ist ein für Nordangeln charakteristischer Wandständerbau, d. h. die Ständer, auf denen die Dachbalken aufliegen, sind in die Außenwände eingefügt. Die Konstruktionsweise kann zu relativ schmalen, aber langen Gebäuden führen, bei denen Ställe, Dreschdiele, Wohndiele und Wohnräume hintereinander liegen.

Erbauer des Hauses ist der Kätner und Uhrmacher Jacob Tüxen. 1778 wird es an den Sohn Jacob Tüxen jun. übergeben, in den Quellen ebenso als Kätner und Uhrmacher bezeichnet. 1818 übernimmt der jüngste Sohn Jes das Anwesen. 1852 taucht als Inhaber ein Lorenz Jürgensen, Gastwirt aus Boddelhoch, auf, neun Jahre später ein Claus Marquardsen. 1879 verkauft dieser den Hof an seinen Schwiegersohn Nicolaus Petersen mit 18¾ ha Land, zwölf Kühen und zwei Pferden; vorher wird vermutlich der Stall erweitert. Petersen, der aus Süderbrarup stammt, ist ein angesehener Mann mit verschiedenen Ämtern: Kirchenältester, erster Schulvorsteher und Gemeindevertreter. Unter ihm erlebt der Hof eine Blütezeit.

Viele Umbauten erfährt das Haus besonders während des 19. Jahrhunderts. Der massiv erneuerte Stallgiebel stammt wohl aus der Zeit und auch die Veränderungen im Wohnteil. Am alten Standort, um 1987.

## „Jahrmarkt im Dorf"

Diese inszenierte Situation in der Mitte des Muse-
umsgeländes ist eine Mischung aus modernen Ser-
vicebereichen (Kiosk, Spielplatz) und historischen
Museumsobjekten.

**Orgel:** Ab dem frühen 20. Jahrhundert spielt diese
Orgel die Begleitmusik zu einem Karussell mit
zwölf Pferden. Die „Gebrüder Bruder" bauen sie
1929 mit drei Registern und 42 Tonstufen. Zuletzt
ist sie in Krempe in Dithmarschen, dem Wohnort
und Winterlager von Schaustellern in Funktion. Zu
ihrem Repertoire gehören ca. 100 Lieder.

**Schiffsschaukel:** Bilder, Namen und Sprüche verweisen auf die süddeutsche Herkunft. Sie stammt
von einem Schausteller Zimmermann aus Höch-
stadt an der Aisch in Mittelfranken.

**Bodenkarussell:** Dieses farbig bemalte Karussell mit
acht Pferden, zwei beweglichen Schiffen, zwei
Drehmühlen und zwei Kutschen ist um 1930 gebaut. Ursprünglich wird es von einem innen im
Kreis laufenden Pferd angetrieben. Später bekommt
es einen elektrischen Antrieb mit Salzwasseranlas-

132

ser. Die Bilder am Karussellkranz sind Repliken, angefertigt nach den freigelegten Originalen.

**Kettenflieger:** Das 1965 erbaute Kettenkarussell war zuletzt auf einem Weihnachtsmarkt in Hamburg in Betrieb und kann 2003 für das Museum erworben werden.

**Schießbude:** In diesem Schießstand von der Schaustellerfamilie Vespermann aus Norderstedt, der nicht immer aufgebaut ist, stehen Schießbudenfiguren aus Zella im Riesengebirge. Auf sie wird mit einer Armbrust geschossen. Bei jedem Treffer fällt die Figur mit lautem Knall nach hinten um.

**Schaustellerwagen:** Der Zirkuswagen ist rund 60 Jahre alt und wird vom Freilichtmuseum mit nahezu vollständiger Inneneinrichtung im Jahr 2003 angekauft. Bis dahin ist er 20 Jahre lang das Zuhause einer vierköpfigen Zirkusfamilie, die zudem mit anderen Zirkusmitgliedern einen Gemeinschaftsküchen- und einen Sanitärwagen nutzt.

*Oben*: Schiffsschaukel.
*Mitte*: Kettenflieger, im Hintergrund Spielplatz.
*Unten*: Schaustellerwagen.
Alle Aufnahmen im Museum.

# Heimliche Gemächer

„Cloac, … heimliches Gemach, Privet, Secret, Abtritt. Ist der Ort in einem Gebäude, wo man seine Notdurfft verrichtet. (…) Die größten Schwierigkeiten … machen zwey Haupt-Punkte, worauf man bey Anlegung derer Priveter besonders zu mercken, nemlich, daß solches an einem Orte liege, wohin man so wohl bey Tage als bey Nacht bequem kommen kan; und doch hernachmahls keinen üblen Geruch von sich gebe. Wegen des letztern muß das erste öffters Abbruch leiden."

Ein „heimliches Gemach", wie es Johann Heinrich Zedler in seinem „Universallexikon" von 1733 beschreibt, war sehr einfach konstruiert. Es bestand aus einer Sitzbank mit einer runden Öffnung und einem Kübel darunter und befand sich ursprünglich außerhalb der Wohnräume, in einer Stallecke, in einem Nebengebäude oder im Freien. Häufig stand das Häuschen mit Herz auch direkt auf dem Misthaufen, über einer Sickergrube oder über einem Wasserlauf. Allerdings war ein „Plumps-klo" früher auf dem Land nicht selbstverständlich. Es war durchaus üblich, sich ungeniert in einer geschützten Ecke im Freien, auf dem Misthaufen oder im Stall zu erleichtern.

Auch wenn es auf dem Land als modern galt, einen Abtritt zu besitzen, wäre trotzdem niemand auf die Idee gekommen, sein stilles Örtchen direkt im Wohnbereich einzurichten. Es stand eben „Ab-ort", also möglichst vom Wohnbereich getrennt. Erst im Lauf des 19. Jahrhunderts rückten die Aborte immer näher an die Häuser.

Aus heutiger Sicht waren die Abtritte lange in einem sehr schlechten Zustand. Die Kübel, in denen die Fäkalien gesammelt wurden, liefen oft über, rochen übel und zogen im Sommer ganze Schwärme von Fliegen an. Für die Körperreinigung nach der Toilettenbenutzung verwendete man Strohbüschel und seit dem 19. Jahrhundert, wenn vorhanden, auch ausgelesene Zeitungen. Toilettenpapier, das um 1900 auf den Markt kam, konnte sich nicht jeder leisten. Waren die Abortkübel voll, landete der Inhalt auf Misthaufen, in Gärten, auf Hofplätzen oder in fließenden Gewässern. Dadurch wurden Grund- und Trinkwasser oftmals stark verschmutzt, zumal nicht nur menschliche Fäkalien, sondern auch Tierexkremente und andere Abwasser arglos entsorgt wurden. Zudem lagen Brunnen und Pumpen häufig unmittelbar neben Misthaufen und Sickergruben.

Durch die „Hygienebewegung" seit der zweiten Hälfte des 19. Jahrhunderts beschäftigten sich in Deutschland zahlreiche Forscher und Mediziner mit den Zusammenhängen von Sauberkeit und Gesundheit. Medizinische Untersuchungen und Visitationsberichte krit

Ein am Schweinestall aus Großharrie (Nr. 6) angebautes Privet im Museum.

Nachttopf aus Steingut um 1900. Nachts benutzte man statt des „Plumpsklos" lieber Eimer oder andere Gefäße. Ab etwa 1850 kommen seriengefertigte Nachttöpfe auf den Markt.

[...]erten eindringlich die sorglose Fäkalien- und Abwasserbeseitigung und warnten vor den gesundheitlichen Folgen. Sie wiesen nach, dass verschmutztes Wasser gefährliche Krankheiten verursachte, wie die Choleraepidemie in Hamburg im Jahr 1871. Diese wurde durch ungefiltertes Elbwasser ausgelöst, das in die Trinkwasserleitungen gelangt war. Vor diesem Hintergrund verabschiedete die preußische Regierung für das Hygienewesen Auflagen und Gesetze, die seit 1867 auch für Schleswig-Holstein Gültigkeit hatten. Viele Schleswig-Holsteiner ließen sich jedoch davon anfänglich kaum beeindrucken. Man wehrte sich häufig gegen Neuerungen, die ja schließlich Geld kosteten. Daher änderten sich die hygienischen Verhältnisse oft nur schrittweise. Behördliche Inspektionen der Aborte und spezielle Bauordnungen sollten für Besserung sorgen, wie die „Bau-Ordnung für die kleinen Städte und Flecken des Regierungsbezirks Schleswig vom 18. März 1901":
„...Abtritte dürfen nicht an öffentlichen Straßen und Plätzen errichtet werden... Aborts- und Dunggruben müssen von der Straßenfluchtlinie und von Brunnen in der Regel 10 m, von Nachbargrenzen mindestens 1 m entfernt bleiben... Ein weiteres Heranrücken der Gruben an Brunnen bis auf höchstens 5 m ist nur ausnahmsweise zu gestatten. Im übrigen müssen die Gruben im Boden und in den Wänden undurchlässig gemauert werden."
Wasserspülklosetts, die in England erfunden worden waren, hätten sicherlich entscheidend dazu beigetragen, die hygienischen Missstände zu beheben. Die Büdelsdorfer Carlshütte stellte gusseiserne WCs schon seit 1850 her. Dennoch wurden sie in Schleswig-Holstein kaum eingesetzt. Sie waren teuer und es gab fast keine Abwasserleitungen. Erst mit der fortschreitenden Kanalisation und dem Ausbau der zentralen Wasserversorgung stieg die Zahl der Klosetts, zunächst in den Städten und dann auch auf dem Land. 1961 befand sich in der Hälfte der Wohnungen Schleswig-Holsteins ein WC.

## Schmiede aus Deutsch-Nienhof
**Erbaut um 1700**
**Kreis Rendsburg-Eckernförde**
**Wiederaufbau 1967**

## 61

Bis zum Eindringen der Industrialisierung in die ländliche Gesellschaft ist der Schmied einer der wichtigsten Handwerker. Er beschlägt die Pferde, stellt eiserne Wagenräder und Pflugscharen her und all jenes, was man an Werkzeug, Gerät und Eisenteilen braucht. In nahezu jedem Dorf finden wir den Schmied und auch für das Funktionieren einer gutsherrschaftlichen Wirtschaft ist er unentbehrlich. Ab den 1950er und 1960er Jahren, als zunehmend Pferdekraft von Traktoren abgelöst und Fabrikware angeboten wird und immer mehr Maschinen Einzug halten, verschwinden die Werkstätten – einige wandeln sich zu Landmaschinenbetrieben.

Der kleine, massive Backsteinbau stammt von dem nahe dem Westensee gelegenen Gut Deutsch-Nienhof. Die barocken Formen verweisen den Bau auf die Zeit um 1700. 1822 wird von einem Brand berichtet und 1862 von Umbauten und Neudeckung: das Datum findet sich auf dem schmalen Rahmen des Seitentors.

Im dämmrigen Innern der Schmiede steht im Zentrum die mächtige Esse, auf der das Feuer glüht.

Zwei Blasebälge fachen es an und bringen das Eisen zum Glühen. An den Ambossen wird es in Form gebracht und die Werkzeuge, die Hämmer, Zangen, Meißel, Durchschläge und Gesenke verweisen auf die Vielseitigkeit des Handwerks. Man braucht schon eine solide Ausbildung und Erfahrung, um mit dem harten Werkstoff umzugehen. Als Hufschmied gehört auch das Beschlagen der Pferde zum Aufgabenbereich. Dazu benötigt er Huf- oder Rinnmesser, Beschlaghammer und -zangen, Raspeln, Sonden und Aufbrennzirkel.

*Oben:* Schmied im Museum bei der Arbeit. *Unten:* Die eingewachsene Schmiede am alten Standort in Deutsch-Nienhof, um 1960. *Links:* Beim Wiederaufbau im Museum.

## Kate aus Holzbunge
**Erbaut um 1760**
**Kreis Rendsburg-Eckernförde**
**Wiederaufbau 1962**

**62**

Die kleine Fachwerkkate stammt aus dem Gebiet zwischen Bistensee und Wittensee und ist zunächst als Einraum gebaut, der zum Wohnen, Kochen und Schlafen der Menschen dient. Wahrscheinlich gehört sie als Arbeiterkate zu einem Bauernhof. 1822 erwirbt der Steinschläger Hans Wulff das Häuschen, der es um einen Wohnraum mit zwei Alkoven und einem Bilegger erweitert. Dennoch bleiben die sozialen Verhältnisse ärmlich. Die Männer mit ihren Familien verdienen sich als Steinschläger, Schuster oder Weber ihren Unterhalt und betreiben eine kleine Landwirtschaft. Die zuletzt in der Kate lebende Anna Ohms, Frau eines Straßenwärters, verbringt mit zwei Kindern über 30 Jahre in der bescheidenen Behausung.
Wir zeigen die Kate als Weberkate mit einem aus dem 17. Jahrhundert stammenden Flachwebstuhl in der Stube.

Die „Weberkate" am Standort in Holzbunge, um 1960.

# 63

## Kate aus Alt-Duvenstedt
### Erbaut im 17. Jahrhundert
### Kreis Rendsburg-Eckernförde
### Wiederaufbau 1974

In der aus dem westlich von Holzbunge gelegenen Dorf Alt-Duvenstedt stammenden Kate sind in den letzten Jahrzehnten vor dem Abbau Schuhmacher oder Schuster tätig. Daher ist im Flett vor den Stuben eine Schusterwerkstatt als enger Arbeitsplatz eingebaut.

Das Handwerk ernährt eine Familie nicht; deshalb wird es neben einer kleinen Landwirtschaft betrieben.

Die Zimmerungsart und das Fehlen von durchlaufenden Schwellen – die Ständer ruhen auf einzelnen Steinen – lassen auf ein hohes Alter des Hauses schließen.

Halb verfallen war die „Schusterkate" vor dem Abbau, um 1970.

## Brücke aus Remmels
**Erbaut 1. Hälfte 19. Jahrhundert
Kreis Rendsburg-Eckernförde
Wiederaufbau 1973**

**64**

Bei dem nördlich von Hohenwestedt gelegenen Dorf Remmels führt die Wegbrücke einst über die Papenau und wird 1972 durch eine neue ersetzt. Die einfache Konstruktion aus kaum behauenen Granitsteinen ist handwerklich gut ausgeführt. Die drei Wasserdurchlässe sind mit Stromabweisern versehen. Im Museum fließt der Mühlenbach darunter hinweg.

## 65

### Wassermühle aus Rurup
**Erbaut 1778**
**Kreis Schleswig-Flensburg**
**Wiederaufbau 1967**

Die Mühle trägt über der Eingangstür die Jahreszahl 1778 und nennt den Müller Detlef Petersen. Doch weitaus früher, in Quellen um 1600, wird in Rurup eine Mühle genannt: 1633 betreibt sie ein Peter Dethleffsen als Pächter, ihm folgt sein Sohn Dethlef Petersen und bis 1926 ist sie weiterhin im Besitz der Petersens. Dann wird sie verpachtet und 1952

Engelskopf aus Sandstein in der Fassade der Mühle, wohl 17. Jahrhundert.

stillgelegt. Der Bau von 1778 ersetzt demzufolge ein älteres Gebäude, ruht aber wohl auf den Granitsteinen des Vorgängerhauses.
Noch um 1900 gibt es in Schleswig-Holstein beinahe so viele Wasser- wie Windmühlen. Die Ruruper Mühle ist eine Herzoglich Gottorfische Erbpachtmühle, der Bauherr Detlef Petersen ist also Eigentümer

141

Am Standord in Rurup, um 1965.

und im Besitz der Wasserrechte, die man zum Betreiben einer Mühle braucht.

Beim Aufbau im Museum ist auf einen Anbau des 19. Jahrhunderts verzichtet worden. Auch eine neuere Zutat, ein kleines oberschlächtiges Wasserrad an der Rückseite, ist weggelassen. So steht die zweigeschossige Mühle jetzt wieder im Zustand, wie sie Detlef Petersen gebaut hat. Auch die Situation des Mühlteichs vor der Mühlenfront entspricht der Lage am Originalstandort. Nur das nicht mehr vorhandene Mühlenwerk im Innern ist von der Wassermühle in Rade bei Hohenwestedt übernommen.

Der Müllergeselle beim Transport der Mehlsäcke in Rurup, um 1920.

# 66

## Gartenhäuschen aus Rurup
**Erbaut 1779**
**Kreis Schleswig-Flensburg**
**Wiederaufbau 1967**

Zu der Ruruper Wassermühle gehört ein kleines, reetgedecktes Gartenhäuschen mit der geschnitzten Inschrift „Detlef Petersen Müller Ao 1779" über der Flügeltüre. Dies ist schon eine Reminiszenz an einen verfeinerten Lebensstil, den ein Müller hier pflegt. Dazu passen die beiden Miniaturen an der Rückwand, die Detlef Petersen und seine zweite Ehefrau Sara Catarina zeigen und von Paul Ipsen 1793 gemalt sind. Der kleine Garten mit alten Rosensorten und mit Buchsbaum eingefassten Beeten vervollständigt die ländliche Idylle.

## Scheune aus Süderstapel
**17. Jahrhundert**
**Kreis Schleswig-Flensburg**
**Wiederaufbau 1962**

**67**

Das letzte bekannte Beispiel einer Scheune in First-säulenkonstruktion stammt aus Süderstapel. Das Dach wird von zwei oben gegabelten Stämmen getragen, die den Firstbaum aufnehmen. Die Dachhaut liegt auf sogenannten Rofen, das sind Balken, die über den Firstbaum gehängt sind und die unten auf der Außenwand aufliegen.

Der rechte Anbau wird um 1900 anders gezimmert und zuletzt als Wohnraum genutzt.

Firstsäulenscheune in Süderstapel, um 1937.

# 68

## Glocke aus Stapelholm
### 18./19. Jahrhundert, Rekonstruktion
### Kreis Schleswig-Flensburg
### Aufbau 1983

Wie ruft man die Bevölkerung eines Dorfes zusammen, um Informationen bekannt zu geben oder vor Gefahr zu warnen? Natürlich akustisch mittels einer Glocke.

„Bauernglocken" sind eine Eigenart der Stapelholmer Landschaft. Es gibt sie wohl seit dem 18. Jahrhundert. Noch heute findet man sie in den Dörfern Seeth, Erfde, Süderstapel, Norderstapel und Drage freistehend auf dem Dorfplatz. Sie hängen an einem Holzgerüst, das entweder von einem gegabelten Eichenstamm oder einer Art Leiter gebildet wird.

Die im Museum nachgebildete Glocke hat ihren Platz vor der Scheune aus Süderstapel und dem Haus aus Bergenhusen und vervollständigt das Bild der Stapelholmer Landschaft.

## Haus aus Bergenhusen
**Erbaut um 1700**
**Kreis Schleswig-Flensburg**
**Wiederaufbau 1973**

„Ao 1764 DEN 2 MAY RIS EIN VNBEKANTE FLAM DAS HAUS GANZ PLÖTZLICH NIEDER / Ao 1765 DEN 17 APREL STEHT DIESES HAVS DVRCH GOTTES GNADE WIEDER / DIESELBE KRÖNE ES MIT SEGEN SCHVTZ GEDEIN; SO SOL DARINNEN AVCH EIN TEMPEL GOTTES SEIN" – so heißt es auf dem Sturzbalken über der Eingangstür. Dazu treten die Buchstaben „AD" (Andreas Dittmer) und „MD" (Margarethe Dittmer), eine geborene Carstens. Hans Carstens kauft den Hof 1691 und verwendet wohl aus dem Brand gerettete Teile des Giebels wieder. Unmittelbar neben der Kirche gelegen ist der Hof seit 1864 privilegiert und hintereinander in Händen der Familien Odefey, Carstens und Frahm. Gesandte des königlichen Landesherrn werden dort gastlich aufgenommen.

Am Ende der von Ställen flankierten Diele finden wir keinen Herd; vielmehr schließt sich dort ein Winkelbau an, in dem Küche und Keller und eine Reihe Stuben untergebracht sind. Der Anbau gehört wohl teilweise zum Altbestand.

Da keine Einrichtung mehr vorhanden ist, wird das Haus für Sonderausstellungen und zur Unterbringung einer Bildhauerwerkstatt genutzt.

Heute wird das Erdgeschoss als Raum für Sonderausstellungen genutzt.

Das Haus am alten Standort, um 1960.

## Haus vom Lühnhüser Deich
**„Drathenhof"**
**Erbaut 1794**
**Kreis Steinburg**
**Wiederaufbau 1969**

Johann von Drathen, dessen Monogramm über der „Bobendör" steht, ist der Erbauer des imposanten Hofes aus den Elbmarschen. Vom Typ gehört es zu den Durchgangshäusern: ein Fachhallenhaus mit durchgehender Diele, mit einer Grootdör im stallseitigen Giebel und einer repräsentativen Haustür im Wohngiebel.

Von 1839 bis zur Überführung in das Freilichtmuseum besitzt die Familie Greve das Haus, die es zeitweise als Ferien- und Jugendheim vermietet. Für die Nutzung als historische Gaststätte sind die Innenräume teilweise verändert und mit Paneelen und Fliesen aus verschiedenen Regionen Schleswig-Holsteins (Wilstermarsch, Probstei und Angeln) ausgestattet.

Am alten Standort in den Elbmarschen, um 1965.

**71**

## Haus aus Dargow
**Erbaut um 1750**
**Kreis Lauenburg**
**Wiederaufbau 1972**

Das Haus Köhler aus Dargow am Schaalsee ist ein
Durchfahrtshaus mit einer Grootdör in der Mitte des
Stallgiebels und einer aus der Achse versetzten Aus-
fahrt im Giebel des Wohnteils. Um 1900 wird wohl
der Wohnbereich zu Lasten des Stallteils vergrößert.
Der Grundriss entspricht dem Zustand des Gebäu-
des vor der Umsetzung in das Museum. Hier wird
der Innenraum nach den Erfordernissen einer Gast-
stätte umgestaltet.
Die einander zugewandten Pferdeköpfe über den
Firstenden sind ein im Lauenburgischen verbreiteter
Dachschmuck.

Das Lauenburgische Durch-
fahrtshaus am Standort in
Dargow, um 1970.

## Feldscheune
## vom Gut Grünhorst bei Holtsee
**Erbaut 1954**
**Kreis Rendsburg-Eckernförde**
**Wiederaufbau 1999**

In den 1950er Jahren wachsen durch Weiterentwicklungen der Technik, der Schädlingsbekämpfung und durch Verwendung von Dünger die Erträge. Auch die Größe der Maschinen nimmt kontinuierlich zu. Die alten Scheunen bieten meistens nicht mehr genügend Platz, so dass neue, wesentlich größere errichtet werden müssen. Auf den Hofstellen ist für diese Gebäude oft kein ausreichender Raum, so dass man sie in Nähe der Felder baut.

Den modernen Anforderungen entsprechend werden sie frostfrei auf Betonfundamente gestellt.

Unsere Scheune ist in Binderkonstruktion mit Pfettendach errichtet. Die Außenwände sind mit Holzbrettern verkleidet und das mit 30° nur schwach geneigte Dach wird mit Welleternitplatten gedeckt, die sehr viel mehr Dauerhaftigkeit versprechen als das herkömmliche Reet.

Die Feldscheune beim Aufbau im Museum, Aufnahme 1999.

Winterlandschaft im Schleswig-Holsteinischen Freilichtmuseum.

## Glossar

| | |
|---|---|
| Abnahmehaus, -stube | Altenteil, als eigenes Haus oder Wohnbereich für de Altbauern, nachdem er den Hof gegen bestimmte Unte haltsleistungen an den Jungbauern abgegeben hat. |
| Achterdör | Hintereingang des Hauses. |
| Abseite | Seitlicher Raum neben der Diele. |
| Alkoven | Historisch ein kleiner fensterloser Nebenraum an de Stube zum Aufstellen eines Bettes. Im norddeutsche Sprachgebrauch gleichbedeutend mit „Butze" oder „Bu zenbett" für ein Wand- oder Schrankbett. Es ist mit Vo hängen oder Holztüren verschließbar. |
| Banse, Bansenraum | Platz in der Scheune zum Aufstapeln der Getreide- ode Heuernte. Oft tiefer gelegen als der normale Fußboden |
| Barg/Barghaus | Der Barg, auch „Gulf", ist ein Raum zwischen vier gro ßen, kräftigen Holzständern und reicht vom Fußbode bis zum Dach. Er dient zum Einlagern von Heu. Da Barghaus ist ein Bauernhaus in der Elbmarsch, bei den der Wirtschaftsbereich in Barg- bzw. Gulfkonstruktion e richtet wurde. Im Gegensatz zum Haubarg liegt de Wohntrakt hier wie ein Querriegel vor dem Wirtschafts teil. Grundriss siehe S. 10. |
| Bilegger | Zumeist gusseiserner Kastenofen in der Döns (siehe dort) der als Hinterlader vom benachbarten Raum (Küch oder Diele) aus befeuert wird. |
| Bohlenwand | Bauweise, bei der massive Holzbohlen zwischen de senkrechten Wandständern waagerecht von oben einge schoben werden. Sie war in waldreichen Gegenden üb lich, z. B. in Ostjütland und Nordschleswig. Die Kon struktion nennt man Bohlenständerbau. |
| Brotreck | Gestell zur Lagerung der für einen längeren Zeitraum ge backenen Brote. Auf dem hoch angebrachten Reck in de Diele lagerten die Brote trocken und sicher vor Nagetie ren. |
| Butze | Siehe Alkoven. |
| Dendrochronologie | Exakte Altersbestimmung von Hölzern mittels Bohrpro ben durch vergleichende Jahresringbestimmung. Ein (d im Text = Alter durch dendrochrolonogische Untersu chung bestimmt. |
| Diele/Däl/Deele | Frei von außen zugänglicher und befahrbarer Mittelraum im Hallenhaus, u. a. benutzt zum Dreschen. Boden meis aus gestampftem Lehm. |
| Dinn | Vorratsraum. |

| | |
|---|---|
| Döns/Dörnsch | Täglich genutzter Wohnraum (Stube). Meist der einzige rauchfrei heizbare Raum im Haus. Siehe dazu auch Bilegger. |
| Dreiseithof | U-förmige Hofanlage. Ursprünglich einzeln stehende jütische Langhäuser sind durch seitlich angebaute Flügel erweitert worden. |
| Dreiständerkonstruktion | Gefügeart im Niederdeutschen Fachhallenhaus, bei der in Längsrichtung drei Ständerreihen vorhanden sind. |
| Dunkelstube | Fensterloser Raum in Probsteier Häusern, der in der Mitte des Kammerfachs an der Rückwand des Schwibbogen- herdes liegt und relativ viel Wärme bietet. |
| Durchfahrtshaus | Haupthaus oder Nebengebäude, bei dem die Diele durch die gesamte Tiefe des Hauses führt und an der Rückseite mit einem zusätzlichen Tor versehen ist. |
| Eulenloch | Öffnung im obersten Teil des Hausgiebels, durch die der Rauch der Feuerstelle abzog. |
| Fach/Gefach | Fach ist der Raum zwischen den tragenden Ständern, Gefach ein von Balken umschlossenes Wandfeld im Fachwerkbau. |
| Fachhallenhaus | Gebäude mit einer Diele, die von der Grootdör im Giebel bis zum Kammerfach im hinteren Hausteil führt. Neben der Diele liegen die Abseiten, in denen das Vieh untergebracht ist. Die Ernte lagert auf dem Dachboden. Grundriss siehe S. 9. |
| Fachwerk | 1. Skelettbauweise, bei der alle Lasten von tragenden Hölzern übernommen werden, während die Wände nicht tragend sind.

2. Fachwerkwände bestehen aus einem Gerüst senk- rechter und waagerechter miteinander verbundener Höl- zer. Die Felder sind durch Holz- und Lehmfüllung oder durch Ausmauern geschlossen. |
| Feuerstülpe | Halbglocke aus Eisenbändern, die nach dem Kochen zum Schutz des Hauses vor Brandgefahr über die Glut- reste des offenen Herdes gestellt wurde. |
| Firsthölzer | Paarweise im Winkel zusammengenagelte Knüppel, die auf dem Dachfirst das Material (Stroh, Tang, Heidekraut) zusammenhalten, auch Hängehölzer genannt. |
| Flett | Am Ende der Diele vor dem Wohnteil liegender, meist gepflasterter Bereich im Hallenhaus. Dort befindet sich auch der Herd. |
| Fortele | Kleine, quer zum Haus liegende Diele zwischen Wohn- und Wirtschaftsteil im queraufgeschlossenen Langhaus in Nordfriesland. |

| | |
|---|---|
| Geest | Der zwischen Marsch und östlichem Hügelland vo Nord nach Süd verlaufende Landschaftsstreifen Schles wig-Holsteins aus Hoher und Niederer Geest. Der Bo den ist von schlechter Qualität, so dass seine Bewir schaftung wenig Gewinn brachte. |
| Glutbecken | Tischbehälter für Glut. Zum Wärmen der Hände, Ar zünden von Kienspänen usw. |
| Götlucht | Lucht mit einem Platz zum Spülen, oft auch mit einer Tü zum Hof und zum Brunnen. |
| Göpel | Gerät, in dem ein oder mehrere Tiere durch ihre Bewe gung Kraft erzeugen, so dass damit Maschinen betriebe werden können. |
| Grapen | Eiserner Topf ohne Deckel, der über das offene Feuer ge stellt oder gehängt werden kann. |
| Grootdör | Toreinfahrt im Giebel des Niederdeutschen Fachhallen hauses. |
| Gulf | Im niederdeutschen Sprachraum „Barg" genannt. S. dor |
| Gutsherrschaft | Herrschaftsform, die sich in großen Hofanlagen mit aus gedehnten Ländereien, die Adligen gehörten, ausdrück während die bäuerliche Bevölkerung in Abhängigkei lebte und arbeitete. |
| Hängehölzer | Siehe Firsthölzer. |
| Hahnenbalken | Oberster Querbalken zwischen den Dachsparren, auch „Kehlbalken". |
| Haubarg | Großes Bauernhaus (v. a. auf Eiderstedt), das in Gulf bzw. Bargkonstruktion errichtet wurde. Der Gulf/Barg liegt im Zentrum des Gebäudes, das dadurch gewaltige Dachflächen besitzt. |
| Heckschur | Einschnitt an der Traufe eines Dachs, um mit beladener Wagen in die Diele fahren zu können. |
| Hille | Raum über der Abseite, bzw. unter der Dachschrägen ar der Diele. |
| Hufe/Hufner | Vollwertiger Hof in einer Gemeinde mit regional unter schiedlicher Größe. Dessen Besitzer, der Hufner, hatte Mitspracherecht in dörflichen Angelegenheiten und durf te das gemeindeeigene Land nutzen. Bei Teilung eine Hufe entstanden zwei Halbhufen, denen jeweils auch nur noch eine halbe Stimme in der Gemeinschaft zu stand. |
| Husmannshus | Eigentlich keine Bezeichnung für einen Haustyp, son dern eine soziale Bezeichnung für ein Niederdeutsche Fachhallenhaus in der Kremper Marsch, in dem ein Hus mann (Hausmann), d. h. ein Hufner, lebte. |

| | |
|---|---|
| ...ste | Arbeiter, der in einem fremden Haus oder auf der Hofstelle eines Bauern arbeitete und wohnte und in der Regel keinen eigenen Grundbesitz hatte. |
| ...ammerfach | Abgetrennter Wohnteil im Hallenhaus mit Döns, Pesel und Kammer(n). |
| ...annenreck | Gestell aus Holz oder Metall, auf dem die ausgewaschenen Milchkannen umgestülpt zum Trocknen standen. |
| ...ätner | Besitzer einer Kate, einer kleinen Hofstelle mit wenig Land. |
| ...ate | Meist ein kleines Hallenhaus mit wenig oder keinem Landbesitz. Von Kätnern (Handwerkern, Tagelöhnern, Insten, Alternteilern usw.) bewohnt. |
| ...atschur | Bei den nordfriesischen, quergeteilten Häusern Bezeichnung für einen schrägen Wand-/Deckenabschluss zwischen Außenwänden und höherer Raumdecke im Wohnteil. |
| ...esselhaken | In der Höhe verstellbarer Haken zum Aufhängen der Töpfe (Grapen) über dem Herdfeuer. Leichtere Haken, auch aus Holz, zum Aufhängen der Trankrüsel. Siehe Krüsel. |
| ...ienspanhalter | Halter aus Holz oder Metall, in den man hölzerne Späne klemmte. Diese wurden angezündet und als Lichtquelle genutzt. Je nach Spangröße und Holzart brennt ein Kienspan fünf bis zehn Minuten. |
| ...lüterkammer | Werkzeugkammer auf größeren Höfen für die ständig anfallenden Reparaturarbeiten an Haus- und Wirtschaftsgerät. |
| ...rüsel | Öllampe, die mit Raps-, Rüböl oder Tran gefüllt wird. |
| ...übbung | Seitlicher Raum neben der Diele. |
| ...oo | Dreschdiele im nordfriesischen Langhaus. |
| ...ucht | Im Flettbereich des Hallenhauses mit Fenstern versehene Plätze links und rechts des Herdes. Auf der einen Seite wurden Hausarbeiten erledigt, auf der anderen hat man gesessen und gegessen. |
| ...Mangelholz und Mangelbrett | Um Leinenwäsche zu glätten, wickelte man sie um das runde Holz und rollte dann das Mangelbrett mit Druck darauf hin und her. |
| ...Marsch | Tief gelegenes, flaches Land an der Westküste Schleswig-Holsteins mit schwerem, fruchtbarem Boden. |
| ...Maueranker | Konstruktive Vorrichtung aus Eisen, um Gebäudeteile zusammen zu halten. Oft als geschmiedeter Zierrat mit Initialen. |

| | |
|---|---|
| Mühlenzwang | Verpflichtung für den Bauern, sein Brotgetreide nur i einer bestimmten Mühle mahlen zu lassen. |
| Niederdeutsches Fachhallenhaus | Haustyp mit großer Diele in Längsrichtung des Hause und einem Kammerfach an der Rückseite. Siehe Fach hallenhaus. |
| Ofenreck | Aufsatz für den Bilegger. Gebräuchlich an der Westküst im südlichen Schleswig-Holstein. Wird zum Wäsche trocknen benutzt. |
| Ofenstülpe | Warmhalteglocke für Speisen auf dem Bilegger. |
| Osterstube | Im Osten des Hauses gelegene Stube oder Kammer. |
| Paneel | Getischlerte, geschnitzte oder bemalte Wandverkle dung, in die häufig auch Wandbetten und Schrankfäche eingefügt waren. |
| Pesel | Ein nicht heizbarer Festraum, in dem Betten sowie Tru hen mit der Aussteuer der Frau aufgestellt sein können. |
| Pilaster | Auf der Wand aufliegender säulenähnlicher Pfeiler. |
| Propst | Verwalter eines Klosters. |
| Quern | Hausmühle zum Mahlen von kleinen Mengen Getreide Senf u. a. |
| Remise | Einstellplatz für Wagen. |
| Rocaille | Muschelartig geschwungenes Dekorationsmotiv. |
| Schwelle | Balken auf dem Fundament oder Kellermauerwerk, übe dem die Wand steht. |
| Schwibbogenherd | Offener Herd im Hallenhaus an der Rückwand der Die le mit bogenförmigem Überbau zum Abfangen des Fur kenfluges. Durch die Löcher im Überbau zog der Rauc ab und in die Diele, wo Schinken und Würste zum Räu chern hingen. Der Rauch schützte das Haus vor Schäd lingsbefall, vertrieb das Ungeziefer und trocknete das au dem Boden gelagerte Getreide. |
| Senfmühle | Kleine Mühle für den Hausgebrauch zum Mahlen vo Senffrüchten oder kleinen Mengen anderer Körner. |
| Sichte und Mathaken | Zusammengehörende Arbeitsgeräte für die Getreide ernte. Der Schnitter umfasste mit dem Mathaken ein bestimmte Menge Halme und schnitt sie mit der kur stielige Sense, auch „Kniesense", ab. |
| Siddels | Sitzplatz. In Dithmarschen die Querdiele zwische Wohn- und Wirtschaftsteil, in der die Mahlzeiten einge nommen wurden. |
| Sommerhaus/-stube | Unbeheizter, nach Norden und oft über einem Kelle erhöht gelegener Gebäudeflügel oder Raum, den ma vorwiegend im Sommer bewohnte. |

| | |
|---|---|
| Spanndienst | Auch „Hand- und Spanndienst". Abhängige Bauern waren verpflichtet, ihrem Grundherren regelmäßig Arbeitskraft und Fuhrwerke zur Verfügung zu stellen. |
| Ständer/-bau | Senkrechte Hölzer, die die Dachkonstruktion tragen. Siehe Abb. S. 11. |
| Stube | Rauchfreier, durch einen Ofen beheizbarer Raum. Meist Döns genannt. Siehe dort. |
| Sturzbalken | Querbalken im Wandgefüge, der eine größere Öffnung überspannt. |
| Traufe | Untere Kante einer Dachfläche. |
| Utlandfriesisches Haus | Quergeteiltes Langhaus als wandnaher Ständerbau mit einem Stall in Fachhallenkonstruktion in Nordfriesland. |
| Utlucht | Kleines Fenster in der Wand des Kammerfachs, das dem Bauern von der Stube aus einen Blick auf die Diele ermöglichte. Hier stand oft auch das Tranlicht, daher auch Tranfenster genannt. |
| Vierseithof | Entstand aus dem Dreiseithof durch Schließen der offenen Seite mit einem weiteren Bauflügel. Siehe Dreiseithof. |
| Walmdach | Dach, bei dem anstelle eines oder beider Giebel Dachflächen sind; beim einseitigen spricht man von Halbwalm, beim zweiseitigen von Krüppelwalm. |
| Warft | Künstlich aufgeschütteter Hügel in den Marschgebieten der Westküste oder auf den Halligen. Darauf errichtete man die Gebäude, einzeln oder in Gruppen, um sie vor Sturmfluten zu schützen. |
| Zehntscheune | Scheune zur Lagerung des Zehnten, der Abgabe der Bauern an weltliche oder kirchliche Grundherrn. |
| Zweiständerbau | Innengerüstbau, bei dem nur die beiden Reihen von Ständern, die die große Diele begrenzen, vorhanden sind. |

## Literaturauswahl

Bedal, Konrad: Historische Hausforschung. Eine Einführung in Arbeitsweise, Begriffe und Literatur, Bad Windsheim 1995.

Berichte aus dem Schleswig-Holsteinischen Freilichtmuseum, Nr. 1–37, Neumünster 1963–2000, Nr. 38–42, Molfsee bei Kiel 2002–2006.

Dahms, Geerd/Giesela Wiese/Rolf Wiese (Hg.): Stein auf Stein. Ländliches Bauen zwischen 1870 und 1930, Ehestorf 1999 (Arbeit und Leben auf dem Lande. Eine kulturwissenschaftliche Schriftenreihe, hg. von den Museen des Ausstellungsverbundes, Band 6).

Danker, Uwe/Astrid Schwabe: Schleswig-Holstein und der Nationalsozialismus, Neumünster 2005.

Fok, Oliver/Ulf Wendler/Rolf Wiese (Hg.): Vom Klepper zum Schlepper. Zur Entwicklung der Antriebskräfte in der Landwirtschaft, Ehestorf 1994 (Arbeit und Leben auf dem Lande. Eine kulturwissenschaftliche Schriftenreihe, hg. von den Museen des Ausstellungsverbundes, Band 3).

Göttsch, Silke: Stapelholmer Volkskultur. Aufschlüsse aus historischen Quellen, Neumünster 1981.

Göttsch, Silke: „Alle für einen Mann…". Leibeigene und Widerständigkeit in Schleswig-Holstein im 18. Jahrhundert, Neumünster 1991.

Heidrich, Hermann/Ulrike Looft-Gaude (Hg.): Das Bordesholmer Haus und seine Nebengebäude zwischen 1600 und 1870 auf Grundlage wissenschaftlicher Arbeiten von Hartmut Hildebrandt und Michael Kopischke, Molfsee 2004 (Veröffentlichungen des Schleswig-Holsteinischen Freilichtmuseums, Band 2).

Hennig, Nina/Heinrich Mehl (Hg.): Bettgeschichte(n). Zur Kulturgeschichte des Bettes und des Schlafens, Schleswig 1997 (Arbeit und Leben auf dem Lande. Eine kulturwissenschaftliche Schriftenreihe, hg. von den Museen des Ausstellungsverbundes, Band 5).

Hildebrandt, Hartmut: Haus und Hof einer Hufe im alten Amt Bordesholm: Der Hof Schnack aus Negenharrie, Bordesholm 2003 (Schriften zur Geschichte des ehemaligen Amtes Bordesholm, hg. vom Geschichtsverein für das ehemalige Amt Bordesholm e.V., Band 4).

Johannsen, Carl Ingwer (Hg.): Das Haus Storm aus Elsdorf-Westermühlen, Molfsee und Heide 1981 (Schleswig-Holsteinisches Freilichtmuseum, Studien, Band 1).

Johannsen, Carl Ingwer (Hg.): Führer durch das Schleswig-Holsteinische Freilichtmuseum, Neumünster 1994.

Johannsen, Carl Ingwer (Hg.): Milch…Butter…Käse… Milchverarbeitung früher, Husum 1996 (Lernort Schleswig-Holsteinische Freilichtmuseum, Heft 4, 2. überarbeitete Auflage).

Johannsen, Carl Ingwer (Hg.): Schleswig-Holstein. Vom Leben und Arbeiten auf dem Lande, Hamburg 1999.

Johannsen, Maike/Ulrike Looft-Gaude/ Astrid Paulsen: Die ländliche Küche. Geschichte und Rezepte aus Norddeutschland, Hamburg 1998.

Kaiser, Hermann: Herdfeuer und Herdgerät im Rauchhaus. Wohnen damals, Cloppenburg 1980 (Materialien zur Volkskultur nordwestliches Niedersachsen, hg. im Auftrag der Stiftung Museumsdorf Cloppenburg, Heft 2).

Kamphausen, Alfred: Das Schleswig-Holsteinische Freilichtmuseum. Häuser und Hausgeschichten, Neumünster 1989 (12. erweiterte Auflage).

Kamphausen, Alfred: Häuser die Heimat waren, Kiel 1982.

Karstens, Uwe: Wind, Korn und Wasser. Von Mühlen und Mühlenbauern im Kreis Plön, Großbarkau 1990.

Kramer, Karl-Sigismund: Volksleben in Holstein (1550–1800), Kiel 1987.

Lange, Ulrich (Hg.): Geschichte Schleswig-Holsteins. Von den Anfängen bis zur Gegenwart, Neumünster 2003.

Matz, Jutta/Heinrich Mehl (Hg.): Vom Kienspan zum Laserstrahl, Husum 2000.

Mehl, Heinrich (Hg.): Altes Handwerk in Schleswig-Holstein, Heide 1999 (Stiftung Schleswig-Holsteinische Landesmuseen, Volkskundliche Sammlungen, Band 5).

Mehl, Heinrich: Land- und Hauswirtschaft in alten Schleswig-Holstein. Arbeit der Bauern 1850–1950, Heide 2005 (2. Auflage).

Mohrmann, Ruth-Elisabeth: Volksleben in Wilster im 16. und 17. Jahrhundert, Neumünster 1977.

Nissen, Nils, R.: Landwirtschaft im Wandel. Natur und Technik einst und jetzt, Heide 1989.

Petersen, Hans-Peter/Sandra Scherreiks: Mühlengeschichte Dithmarschens, Heide 2006.

Redlefsen, Ellen: Katalog der Möbelsammlung. Städtisches Museum Flensburg, Flensburg 1976.

Rehbein, Franz: Das Leben eines Landarbeiters, Hamburg 1985 (Nachdruck von 1911).

Schleswig-Holsteinisches Landesmuseum: Frisches Wasser. Kulturgeschichtliche Aspekte der Wasserversorgung in Schleswig-Holstein seit dem Mittelalter, Schleswig 1987.

Sievers, Kai Detlev: Ländliche Wohnkultur in Schleswig-Holstein, Heide 2001.

Tillmann, Doris: Landfrauen in Schleswig-Holstein 1930–1950. Zeitgeschichte und Alltagsleben, Heide 2006.

Wiese, Rolf (Hg.): Im Märzen der Bauer. Landwirtschaft im Wandel, Hamburg 1993 (Veröffentlichungen des Freilichtmuseums am Kiekeberg, Band 13).

## Bildnachweis

Archiv Freilichtmuseum: 17, 19, 20 unten, 22, 23, 25, 30, 34 unten, 36, 37 unten, 43, 45 links und rechts unten, 48, 53, 62 unten, 63, 64 unten, 68 oben, 72 unten, 73 oben, 74 unten, 77, 78, 90 oben, 91 unten, 92, 93, 94, 95, 96, 98, 101 Mitte und unten, 102 oben, 109, 111 unten, 121 oben, 123 unten, 124 unten, 130 unten, 131 unten, 135, 137, 139 unten, 144 unten, 145, 146, 147 unten, 150 unten.

Archiv für Agrargeschichte der holsteinischen Elbmarschen e.V./D. Vahlendik: 117.

Archiv Seminar für Europäische Ethnologie/Volkskunde der Christian-Albrechts-Universität Kiel: 32.

Archiv Theodor Möller/ Landesamt für Denkmalpflege Schleswig-Holstein: 6, 28, 31 unten, 59, 107, 113, 114, 115, 116.

Jutta Daunheimer: 67.

Hermann Heidrich: Umschlag, 12, 14, 16, 18, 20 oben, 21, 24, 31, 33, 35, 37 oben, 39, 41 oben, 42, 44, 46, 47, 51, 54 oben, 55, 57, 61, 62 oben, 65, 68 unten, 70, 71, 72 oben, 73 unten, 74 oben, 76, 82, 84, 85 oben, 89, 90 unten, 91 oben, 101, 102 unten, 103, 104, 106, 108 oben, 110, 112, 118, 120, 121 unten, 122, 123 oben, 124 oben, 125, 126 unten, 127, 128 oben, 129, 130 oben, 131 oben, 132, 133, 136 oben, 138 oben, 139 oben, 140, 141, 143, 144 oben, 147 oben, 149 oben, 150 oben, 151.

Hans August Herrmann: 40, 45 oben, 54 unten.

Georg Hölk: 58.

Carl Ingwer Johannsen: 75, 119.

H. Trebor Kratzmann: 80.

Ilse Krohn: 15, 20 Mitte, 34 oben, 52, 56, 66, 69, 83, 85 unten, 97, 99, 100 unten, 105, 108 unten, 128 unten, 136 unten, 138 unten, 142 oben, 148 unten, 149 unten.

Ulrike Looft-Gaude: 86, 87, 88.

Niels Nielsen: 126 oben.

Astrid Paulsen: 134, 148 oben.

Asmus Remmer: 142 unten.

J. Rickers: 64 oben.

Dieter Schmidt-Sommerfeldt: 79.

Peter Sroka: 29.

Joachim Thode: 26, 27.


Grundrisse, Pläne und Zeichnungen:

Archiv Freilichtmuseum: 8, 9, 10, 11, 13, 111 oben, Umschlaginnenseiten (teilweise überarbeitet von Ulrike Looft-Gaude).

Hans Finck: 70, 100.

# Die aufgebauten Objekte des Museums

**1** Torhaus
für das Gut
Deutsch-Nienhof
Kasse, Museums-
shop

**2** Scheune
aus Wilmsdorf
Kerzenzieherei
Feuer und Flamme

### Bordesholmer Hofanlage

**3** Haus aus
Großharrie

**4** Altenteilerhaus
aus Negenharrie
Drechselwerkstatt
Spielzeugaus-
stellung

**5** Backhaus aus
Großharrie

**6** Schweinestall aus
Großharrie

**7** Bockwindmühle
aus Algermissen

**8** Haus aus Elsdorf-
Westermühlen

**9** Kate aus
Großmeinsdorf

### Hofanlage aus Schipphorsterfeld

**10** Haus aus
Schipphorsterfeld

**11** Scheune aus
Schipphorsterfeld

**12** Ziehbrunnen aus
Hohn

**13** Pfarrhaus aus Grube

**14** Bienenhaus

### Hofanlage aus der Probstei

**15** Haus aus Barsbek
Korbmacherei

**16** Speicher
aus Brodersdorf

**17** Altenteilerhaus
aus Krummbek

**18** Scheune aus
Klein-Havighorst

**19** Haus
aus Dahmsdorf
Dokumentation
zum Flüchtlings-
wesen

### Süderdithmarscher Hofanlage

**20** Haus aus Lehe

**21** Speicher aus
Osterbelmhusen

**22** Winkelscheune aus
Osterbelmhusen

**23** Kohlscheune aus
Blankenmoor

**24** Vierrutenbarg

**25** Kate aus Wilster

**26** Barghaus aus
Arentsee

**27** Spinnkopfmühle aus
Fockendorf

### Hofanlage aus der Krempermarsch

**28** Haus aus Herzhorn

**29** Göpelhaus

**30** Gulfscheune
aus Brokreihe
Sammlung
landwirtschaft-
licher Geräte

**31** Bandreißerkate aus
Haseldorf

**32** Stellmacherei
aus Elmshorn

**33** Windturbine
aus Sommerland

**34** Reeperbahn
aus Glückstadt

### Hofanlage von der Insel Fehmarn

**35** Haus
aus Teschendorf

**36** Scheune
aus Teschendorf

**37** Taubenhaus aus
Dänschendorf

**38** Backhaus
aus Teschendorf
Töpferei